Louis Guilloux

JEAN-CLAUDE BOURLÈS

Louis Guilloux

Les maisons d'encre

Photographies
de
JEAN HERVOCHE

Mise en page
de
JEAN-JACK MARTIN

CHRISTIAN PIROT
ÉDITEUR

JEAN-CLAUDE BOURLÈS

Né à Rennes en 1937, lauréat du premier prix Louis Guilloux pour son roman Chronique du bel été, *en 1983. Passionné de randonnée pédestre, a témoigné de ses marches vers Saint-Jacques de Compostelle dans* Retours à Conques *et* Le grand chemin de Compostelle. *Prix du livre d'aventures 1995. Son intérêt pour l'œuvre de Louis Guilloux, et l'admiration qu'il éprouve pour l'homme, l'ont amené à visiter — re-visiter ? — la, ou les, maison(s) de l'auteur du* Sang noir.

13, rue Maurice-Adrien
37540 St-Cyr-sur-Loire
Dépôt légal : 2e trimestre 1997
ISBN 2-86808-110-X
ISSN 1151-5945

À Marie-Paule et Jean Hervoche
en fraternelle complicité.

Avant-propos

CE JOUR-LÀ, Saint-Brieuc claquait des dents sous les vents d'est. Rues désertes, cafés trop-pleins, j'allais dans le souvenir d'un homme. D'un homme vrai, devrais-je dire, authentique et libre. Authentique parce que libre. Indépendant surtout. Ce qui n'est pas tout à fait la même chose. Peut-être même un peu anar. C'est du moins ce qui se dit de son vivant. La célébrité posthume a en partie gommé cet aspect du personnage, mais sa vie et ses engagements témoignent assez de ce qui fut, pour faire la part des choses. Après tout, les écrivains capables de se tenir dans les marges sont assez rares pour que l'on s'honore d'en fréquenter quelques-uns. Quel que soit leur caractère. On le disait également sauvage, réservé, peut-être hautain. On le dit toujours. Cela demanderait à être creusé, explicité, mais à quoi bon ? Contrairement à ce que l'on pense, la liberté individuelle ferme toujours plus de portes qu'elle n'en ouvre. Il faut le savoir. Et retenir une fois pour toutes que Louis Guilloux fut un homme libre, dans tous les sens du terme. Ce fut là son seul luxe. Il le paya rubis sur l'ongle. Au prix fort.

Venant de la gare S.N.C.F., je me suis dirigé vers la rue Quinquaine, comme il dut le faire si souvent lorsque rentrant de Paris il renouait les fils épars de sa vie briochine. Je ne connaissais rien de son existence, mais doit-on connaître pour aimer ? Il était né ici, dans le quartier de la cathédrale, avait vécu dans cette ville, cela me suffisait. À plusieurs reprises il m'a même semblé marcher près de lui. De l'homme ou de ses livres ? Car Guilloux est avant tout, et pour toujours, écrivain. Ce n'est pas un métier comme un autre – lui aurait préféré le terme de *labeur* ou d'*ouvrage* –. S'il avait été marin, fonctionnaire, ou simplement cordonnier comme son père, qui se souviendrait de lui ? En suivant la rue Quinquaine, j'ai trouvé la place dont on l'a honoré. Place Louis Guilloux, écrivain.

1899-1980, et j'ai revu ce beau visage de vieux chef celte, encadré de cheveux blancs, tel que je l'avais croisé et reconnu, un jour, dans une rue de Rennes.

Comme je l'ai dit, il faisait froid ce jour-là. Un de ces froids humides et pénétrants dont la Bretagne a le secret et contre lesquels il dut pester plus souvent qu'à son tour. J'entrai dans un café le temps de me revigorer et mettre mes idées au clair. Au zinc une équipe d'ouvriers, en bleus de travail, s'énervait sur des sujets politiques. Des hommes qu'il aurait aimé regarder, longuement, patiemment, en rallumant de temps en temps sa pipe, la bourrant à l'occasion, tassant le tabac de ses doigts fins, ne perdant pas une miette de ce qui se disait. Les écrivains sont ainsi faits qu'ils aiment se repaître de ce qui passe à leur portée. Comme les araignées. Lui comme les autres. Sinon plus que les autres. Ceux-là lui auraient plu, tout droit sortis de ses livres. Ou prêts à y entrer. Une phrase me revint. « *Ce n'est pas de savoir ce que c'est que la vie qui nous intéresse, mais ce que nous pouvons en faire...* » Comme plus tard, vers la cathédrale, d'autres phrases s'imposeraient d'elles-mêmes, venues du *Pain des rêves* ou de *La Maison du Peuple.* À mon second café, je m'inquiétai de savoir dans quel quartier se trouvait sa maison. Consternation, réflexion, interrogation, verdict : Louis Guilloux n'avait pas de maison à Saint-Brieuc ! Il en avait eu une, enfant. Ou plus exactement il avait habité, enfant, à Saint-Brieuc. Mais la demeure n'existait plus. Le zinc confirma la sentence. Je sortis, contrarié de n'avoir pas insisté, parlé des *Carnets*, de ce pavillon qu'il avait fait construire, où devaient vivre les siens. J'aurais pu tout aussi bien feuilleter un annuaire téléphonique.

C'est la lecture d'*Absent de Paris* qui avait ordonné ce voyage. Besoin de voir pour comprendre ? Sans doute. Mais pourquoi ce livre où la ville occupe si peu de place ? Peut-être pour cette première ligne énigmatique destinée à Jean Grenier : « *Me voici une fois de plus rentré dans mon Saint-Brieuc-les-Choux, mon cher Jean.* » C'est ainsi que naissent les malentendus. Ce jour-là, Louis Guilloux était mort depuis deux ans. Je le savais, mais pensais qu'un écrivain ne disparaît jamais vraiment du souvenir des autres. Des siens. Ceux chez qui il naquit, pour lesquels il a écrit. Ce jour de février me prouva le contraire. Guilloux était mort, et tenu, me sembla-t-il, en quarantaine dans le souvenir commun. Je revins chez moi un peu blessé. Cet homme avait été un écrivain majeur de ma jeunesse, plus un révélateur qu'un guide comme on aime s'en donner à quinze ans. Une rencontre importante dans ma formation citoyenne. L'un de ces quelques-uns que mon père, typographe et lecteur d'Hugo et de Jaurès, appelait une conscience.

Chez nous il y eut toujours des livres. Chez nos voisins aussi. Nous nous les prêtions, les échangions parfois. Aux ouvrages achetés, offerts, s'ajoutaient ceux empruntés aux bibliothèques. Cela faisait du nombre, et des heures de lecture. Je revois mes parents lire, assis à la table de cuisine, mais n'ai pas souvenir de les entendre parler de leur lecture réciproque, échanger. Chez mes copains aussi on lisait. Le fait était courant dans les familles ouvrières de l'époque. Il est vrai que pour nous la chose imprimée bénéficiait d'une sorte de sacralisation, du fait de l'imprimerie Oberthur où la plupart des familles du faubourg comptait au moins un salarié. On ne vit pas impunément dix heures par jour, six jours par semaine, dans le voisinage du livre et de ses métiers, sans y gagner quelque marotte. C'est ainsi que les choses se font, ou plus exactement peuvent s'accomplir. Adolescent je lisais beaucoup, souvent ce qui me tombait sous la main, autrement dit n'importe quoi. J'étais alors dans le désordre et la rage, avide de connaissances, donc d'écrits.

Qui se souvient aujourd'hui de la révolution qu'occasionna la parution des premiers livres de poche, lorsque *Marabout*, *J'ai lu* et, bien sûr, le *Livre de poche* prirent la relève du *Livre de demain* publié avant guerre par Arthème Fayard ? Cela dut se faire dans les années cinquante... Une parution mensuelle, si ma mémoire est bonne, offrant, pour quelques francs, l'accès à la littérature mondiale. Et, quoi qu'en ait dit mon entourage d'ouvriers typographes, de vrais livres, modestes certes, mais respectueux de l'œuvre et du lecteur. C'est par l'intermédiaire de *J'ai lu* que j'ai rencontré Louis Guilloux et sa *Maison du peuple.* Je possède toujours ce livre, soixante-dix-huitième de la collection, défraîchi mais vaillant pour l'essentiel, avec sa très belle préface d'Albert Camus. Qui, chez nous, connaissait Guilloux ? Personne ! Ou alors le militant de la cause espagnole, l'homme engagé, mais l'écrivain ? Mon père, peut-être, qui fréquentait les milieux socialistes où l'on devait quand même parler du Briochin, mais autrement... Toujours est-il qu'il m'était, à moi, totalement inconnu. L'école, bien entendu, ne m'en avait pas parlé, mais j'en étais sorti si vite, que je ne peux lui en vouloir. Et puis dans la *grande classe*, celle du Certificat d'Études Primaires, où nous nous escrimions sur les dictées d'Albert Samain et de José Maria de Hérédia, que serait venu faire cet intrus, sinon chambouler les esprits adolescents ? Guilloux était pourtant Breton, comme nous, natif de Saint-Brieuc, n'aimait pas les enseignants, et l'avait écrit ! Cela faisait beaucoup, j'en conviens, pour être pardonné.

J'hésite à parler de coup de foudre. C'est pourtant le seul terme qui convienne pour expliquer ma connivence, immédiate et jamais démentie, avec un livre. N'étais-je pas chez moi dans ce quartier de rues basses ? Dans ces maisons de torchis, où logeaient les mêmes familles harcelées par la gêne ? Jusque dans les idées professées qui, un jour, changeraient le monde. Pas une page où je ne puisse me retrouver chez moi, parmi les miens. Chez moi, dans un livre. Enfin !

Contrairement à ce qu'avait affirmé le bistrot de la rue Quinquaine, Louis Guilloux avait bien habité Saint-Brieuc, dans un pavillon de faubourg, où vivaient toujours les siens. Je retrouvai la gare, les boulevards Charner et Clemenceau, l'avenue de la Libération, traversai les Promenades et, après m'être perdu un peu, découvris, rue Lavoisier, une maison semblable aux autres ; et tellement différente puisque la sienne !

Je n'avais, bien sûr, aucune envie, ni projet, d'écrire quoi que ce soit sur cette maison, et ne suis même pas certain d'avoir consigné ce voyage dans mon carnet de notes. Lecteur épisodique de Guilloux, j'ignorais pratiquement tout de lui comme je l'ai déjà dit. Je pense même que c'est moins par la *Maison du peuple* que par l'intermédiaire de Gide et de Malraux que je suis venu à lui. Quinze ans plus tard, lecteur passionné de l'œuvre, fasciné par l'homme et l'écrivain, me voici de nouveau rue Lavoisier, devant ce pavillon dont il me faut tenter de comprendre en quoi il est foncièrement différent de ceux qui l'entourent.

Bien entendu, cette maison, demeure d'écrivain, n'est pas une habitation ordinaire. Franchir le seuil nous ferait accéder à un autre monde, où l'odeur des livres et le silence de l'encre ont tellement ordonné au temps que celui-ci ne peut en aucune manière s'apparenter à celui de la rue. Je dis cela pour cette maison, mais cela s'applique à toutes ces autres demeures visitées, de rencontres fortuites en démarches volontaires.

On les appelle « maisons d'artistes » terme générique qui englobe tout aussi bien les écrivains que les musiciens, peintres et sculpteurs. Toutefois quelques militaires, explorateurs, savants, et même parfois de futurs sanctifiés, s'étant glissé dans le lot, le terme de « demeures célèbres » semble mieux adapté. C'est sans doute la raison pour laquelle mon guide le plus récent s'intitule *Guide des maisons d'hommes célèbres*. Hommes célèbres ! Voilà le mot lancé, définitif, incontournable. Cette fois nous savons, d'entrée, à qui nous avons affaire. Que les femmes se rassurent, malgré les intentions affichées, quelques-unes d'entre elles ont tout de même droit de cité dans cet ouvrage.

De toutes les demeures visitées, celles des écrivains retiennent le plus ma curiosité. Question d'affinité sans doute. Pourtant je ne suis pas dupe. Je sais qu'aucun de ces lieux, maisons, parcs, forêts, rues, places, jardins, cachots et le reste, où vécut « la célébrité » ne m'offrira jamais le plus petit secret, sinon de fabrication du moins d'inspiration, de celui ou celle qui l'habita. Talent et génie sont ailleurs, dans l'invraisemblable complication de l'être, même si l'espace où il vécut et travailla sert de révélateur. Sinon de stimulateur. Ici une question se pose qui mérite réflexion : maison d'écrivain ou d'écriture ? Maison d'écrits ou décrite ? Même si la réponse n'apporte pas l'éclairage escompté, la preuve concrète de l'œuvre, l'interrogation n'est pas sans intérêt. Qu'importe d'ailleurs que celle-ci ait été conçue au Diable Vauvert, puisque l'auteur la porta forcément, improbable enfant à naître, dans ces couloirs et salons.

En fait je ne crois pas que le but de ces visites soit d'apprendre, mais de faire découvrir, d'éclairer un travail sur la langue et le style, d'entrer en communion avec l'auteur et ses personnages. C'est du moins dans cette optique que je collectionne « mes » maisons d'écrivains, avec plus ou moins de bonheur selon le très savant dosage œuvre-vie, des lieux et souvenirs présentés. Nous sommes ici, ne l'oublions pas, dans le culte des reliques que tout bon pèlerin se doit d'honorer. Il n'est donc pas rare qu'au retour d'une de ces expéditions tel ou tel ouvrage de l'auteur visité sorte de ma bibliothèque, quand il n'y entre pas, acheté dans l'urgence.

Tout commença avec Chateaubriand à Combourg. J'y vins en tant que voisin, invité par d'autres, et pourquoi le taire, assez grognon. Je devais avoir un peu plus de dix-huit ans, et naviguais dans ce no man's land de l'âge bête. Bref, je m'ennuyais ferme, à Combourg comme ailleurs, et ne le cachais pas. Pourtant, dix-huit mois plus tard, je me revois, nouvel incorporé, lisant les *Mémoires d'outre-tombe* dans le train qui m'emmène en Allemagne. Le piège avait donc parfaitement fonctionné, et de la meilleure façon qui soit : à mon insu. D'autres maisons, d'autres lieux suivirent, précédés le plus souvent par une lecture de connivence. L'époque ne prêtant guère aux déplacements, il fallut attendre un peu, c'est à dire quelques années, que Citroën peuple les routes de ses Deux chevaux, et que les grilles des propriétés s'ouvrent. Tout se fit dans l'ordre, et le virus gagné à Combourg s'épanouit tout son saoul, jusqu'à l'épidémie chronique dont je suis à présent atteint ; l'irrépressible désir d'emboîter le pas à ceux des écrivains – Ah, les petits souliers de George Sand à Gargilesse ! – chez eux de préférence, toucher leurs meubles, contempler leurs tableaux (que dire des manuscrits ?) avec, lorsque l'occasion m'en est donnée, le plaisir à nul autre pareil de soulever le rideau d'une fenêtre, d'un doigt distant, comme parfois il – ou elle – dut le faire. Cela dit, si la relique témoigne, son absence est d'un intérêt supérieur puisque c'est du doute, et non de la certitude, que naissent les possibles.

C'est dans cette optique que pendant des années j'ai traqué dans les rues de Saint-Brieuc et ailleurs le souvenir d'un homme que j'aurais pu – et dû – rencontrer de son vivant. Certes il ne m'eût pas fermé sa porte, habitué qu'il était à recevoir ces gens étranges que sont les lecteurs. Les choses ne s'ordonnèrent pas ainsi, et aujourd'hui je cherche ses possibles traces, écoute ceux qui l'ont connu, approché, je note et enregistre. J'écris aussi. Façon comme une autre de remercier de ce qui fut offert ; des livres, une œuvre, un comportement de vie : une conscience. Difficile de remercier un mort. C'est pourtant ce que j'aimerais faire, autant que la chose soit possible, au travers de ces quelques pages d'une enquête à peine ébauchée...

Les maisons d'encre

1

MAISONS D'ÉCRIVAINS ; j'ai dit mon goût de la démarche vers elles, et n'y reviendrai pas. Mais il y a également l'écrit, consigné dans les livres, sorte de biographie des lieux. Quelques éditeurs – peu nombreux il est vrai – se risquent à l'entreprise. Christian Pirot par exemple qui, en 1990, nous offrit avec la complicité de Jean Joubert, le premier volume d'une telle collection, par l'intermédiaire de la Possonnière et de Saint-Cosme, où vécut Ronsard. Une demi-douzaine de volumes suivirent ; le Saché de Balzac, l'école d'Alain-Fournier, la maison d'Élisabeth Amiot, la « tante Léonie » de Proust, la Devinière de Rabelais, La Brède de Montesquieu... D'autres projets prirent place sur l'établi de Saint-Cyr-sur-Loire, des noms, des lieux avancés, soupesés, retenus. Règle essentielle : que les lieux aient imprégné l'œuvre ou le climat de celle-ci. Pourquoi fallut-il que je parle de Louis Guilloux, dont je relisais alors certains titres ? Un contrat fut signé dans l'heure, que j'oubliai le temps de découvrir une œuvre, dont je ne soupçonnais alors ni l'ampleur, ni la richesse.

À fréquenter les gens de trop près, il n'est pas rare de se trouver des points de ressemblance, une affinité un peu vague, le partage d'idées. Ceci doit certainement beaucoup plus à l'affectif qu'à des situations concrètes, mais enfin c'est ainsi. Inutile de dire que je n'échappai pas au piège ; les maisons d'enfance décrites par Louis Guilloux ne ressemblaient-elles pas, trait pour trait, à celle que j'avais habitée rue de Paris à Rennes ? Cela me suffit pour partir, bille en tête sur ce projet de livre autour des demeures de l'auteur du *Sang noir* à Saint-Brieuc. Projet qui s'avéra vite une impasse ; à l'heure où je me mis en route, toutes ces maisons – à l'instar de celle où j'avais grandi – avaient disparu. Difficile de parler d'une chose absente sans tomber dans l'archéologie de lieux inventés. Restait l'œuvre, essentielle mais quasiment muette sur mon sujet, et les témoins. Ceux-ci, hommes et femmes, se souviendraient, parleraient, j'allai donc au devant d'eux, progressant dans un dédale d'oublis, à mi-chemin entre à peu près et fausse-porte, vers cette mystérieuse et bien oubliée maison de la rue Lavoisier.

Première contrariété : mon *Guide des maisons d'hommes célèbres* escamotait Louis Guilloux ! Cela me parut tellement énorme que, rejetant l'idée d'une possible négligence, j'en appelai au complot. Comment croire une seule minute, en effet, que les rédacteurs d'un tel ouvrage puissent ignorer le nom de Guilloux ? La conspiration était patente, avec ce rien de dédain où l'on tient parfois les auteurs jugés – à tort – provinciaux. Oublier Guilloux ! Lui qui, à vingt-huit ans, avait été salué par les plus grands noms de la littérature française ! Reconnu dès son premier livre ! Ne serait-ce que pour ces quinze années allant de 1927 à 1942, où, selon ses propres paroles « il devint écrivain » et écrivit, avec le *Sang noir*, l'un des chefs-d'œuvre de la littérature du siècle. Ne serait-ce que pour ces années, Guilloux ne pouvait être ignoré, donc exclu comme le prétendait mon guide. Sauf, si la maison n'existait pas ! Ce qui semblait le cas, tout au moins une demeure qui se visite. Autrement, quel intérêt ?

Ce livre n'est pas un essai sur l'œuvre de Guilloux. J'en serais bien incapable, et d'excellents travaux existent sur le sujet (1). Ni un essai, ni une flânerie, mais une recherche ; celle d'un homme dans sa ville, dans ses livres. Exception faite de cette place déjà évoquée, où se trouve le souvenir de Louis Guilloux à Saint-Brieuc ? À la bibliothèque municipale, bien entendu. Dans les librairies ? Pas si sûr ! Plus certainement dans les rayonnages particuliers, mémoire vive de ceux qui l'ont connu, côtoyé ou aimé. Sorti de ces zones balisées, on entre dans l'à peu près, la quasi confidentialité, pour ne pas dire clandestinité. État des lieux un peu sévère, contre lequel je ne doute pas que des voix s'élèvent, mais qui pourtant me semble serrer d'assez près la triste réalité des faits. Je ne suis d'ailleurs pas certain que cette situation aurait tellement déplu à l'homme, que l'on me décrit facilement comme ombrageux.

Aujourd'hui, chacun s'accorde à reconnaître que Louis Guilloux n'occupe pas la place qui lui revient dans la littérature. C'est vrai. Mais qui le lit, l'achète, l'offre, en conseille la découverte, prête ses livres ou tout simplement en parle ? Qui ? Du particulier aux médias, le silence me semble bien lourd. Aurait-il tant vieilli que seize ans après sa mort, on ne le lise plus ou peu ? Certainement pas ! Pour avoir fait plusieurs fois l'expérience, d'ouvrir au hasard l'un de ses livres, et lire une où deux pages à des hôtes de passage, je peux certifier du contraire. Je ne me souviens pas de rendez-vous manqués, mais au contraire de l'éveil d'une curiosité, peut-être d'un désir de faire un bout de chemin avec cet auteur dont le nom évoque plus souvent – faut-il le dire ? – un nom de rue qu'une œuvre littéraire. Louis Guilloux est un très grand écrivain qui, pour d'obscures raisons personnelles, non seulement ne se revendiqua jamais comme tel, mais se confina dans une sorte de vocation de clandestin des lettres. Rôle dans lequel la postérité le confine à son tour. Drôle de bonhomme, quand même, pour qui – le fait donne la mesure de la personnalité – la sortie d'un livre fut toujours une corvée ! Et qui le fit savoir ! Imprudent personnage, les choses sont ainsi faites que ceux qui louent le plus l'indépendance des autres sont les premiers à les oublier. Vous le saviez, Guilloux, vous connaissiez les règles ; la liberté revendiquée comme une éthique finit toujours par fatiguer son monde.

Cela dit, à mes yeux, il y a un mystère Guilloux, que le comportement de l'écrivain ne suffit pas à expliquer. Tant en ce qui concerne l'œuvre, importante au niveau de la bibliographie, mais partiellement épuisée, donc difficilement accessible, que dans le souvenir de l'écrivain, entretenu par quelques fidèles discrets, sans grands retentissements. Pourquoi ? S'agit-il, une fois de plus, de l'expression de ce purgatoire post mortem que les Français aiment faire subir à leurs auteurs ? Ou les signes d'un désintérêt profond pour une œuvre jugée trop datée ? Peu crédible, comme je viens de le démontrer. Alors ? Amnésie passagère, ou condamnation sans appel ? Je penche pour la première hypothèse. L'œuvre est trop forte, trop contemporaine, pour que nous puissions l'ignorer longtemps encore. À moins de la craindre. De penser que, justement, elle a trop à nous apprendre sur nous-mêmes et cette époque pré-münichoise dans laquelle nous vivons.

Ceci pour l'œuvre. Restent ses traces, non pas écrites ou intemporelles, mais matérielles, situées, visibles dans la ville. Une maison, par exemple. Une maison, surtout. Arrivée à ce stade ma démarche se complique. Où est-elle au juste cette demeure ? Rue Lavoisier. Je sais. Mais encore ? C'est qu'à trop les fréquenter au fil des pages, par mots interposés, je connais ses maisons autant que les miennes, suis capable d'en dresser des plans, de les décrire. Toutes, ou à peu près. Sauf celle-ci, où je me perds, et qui me gêne. LA maison des livres, la vraie, l'unique me semble tellement grande, généreuse, et débordante d'humanité que je ne vois pas comment elle pourrait s'incarner dans ce pavillon. Alors, où ? Qu'on le veuille ou non, le bâti rassure. Surtout chez les autres. Moins les murs que l'acte de propriété, preuve tangible d'appartenance au groupe, à la communauté. À ce jeu de la possession de pierres – équivalant à celle de la terre chez le paysan – un écrivain sans maison devient vite aussi suspect qu'un général dépourvu de décorations. Alors ? Alors, bien qu'il n'incarne d'aucune manière le Saint des Saints, le pavillon de la rue Lavoisier existe, Guilloux y écrivit une part importante de son œuvre. Cela suffit amplement pour en faire une pièce incontournable du puzzle, et nécessite que je m'y rende. Ne serait-ce que pour inventer quelques suppositions.

Cette maison date des années trente. C'est une construction à étages, très ordinaire, avec jardin, dans une rue de faubourg. Bien que la visite n'en soit pas autorisée, les gens y viennent. Regardent du trottoir ce qui peut s'apercevoir, c'est-à-dire une façade, des fenêtres et un toit, que le culte du souvenir les pousse parfois à photographier. Ce domicile est celui de la maturité de l'homme, qui l'habita près d'un demi-siècle. Cinquante années décisives pour l'épanouissement de l'œuvre. Un ancrage psychologiquement et socialement important par les choix qu'il suppose. Le havre existe donc. Quelle place occupe-t-il dans l'œuvre ? Minime dans l'écrit – encore que – mais en même temps capital puisqu'il incarne le creuset, le lieu de création, l'endroit où selon Bachelard « l'inconscient est logé ». Entendons-nous. Guilloux est un écrivain du souvenir. La trame de ses romans les plus importants, du *Sang noir* au *Pain des rêves* en passant par l'extraordinaire *Jeu de patience*, s'articule autour de la mémoire d'une ville et de ses quartiers, sur environ soixante années de notre siècle. Enfance et adolescence y sont omniprésentes ; règle classique chez les écrivains, surtout à leurs débuts, méthode pouvant devenir, par la suite, témoignage d'enracinement et de fidélité. C'est le cas pour Guilloux, qui utilise à pleines pages cette matière pour certifier des faits, ressusciter un temps, témoigner des vicissitudes de la nature humaine.

L'époque, comme nous le savons, ne se montra « belle » que pour une minorité. Les autres, c'est-à-dire des millions d'hommes et de femmes, au nombre desquels figurait la famille Guilloux, vécurent ces années dans des conditions difficiles. C'est de cette humanité, au mieux-vivre sans cesse reporté, que va s'inspirer l'écrivain à la fois juge et partie, témoin critique et généreux d'un monde qui est le sien, et auquel, par les mots et l'engagement lorsque ceux-ci seront trop faibles, il va donner un rayonnement universel. Dans les années trente, on les appelait le « petit peuple », pour ne pas employer le mot « prolétaires » qui a toujours fait craindre. C'est pourtant bien d'eux qu'il s'agit ici. Les prolétaires de Guilloux sont pauvres. La chose est entendue et conforme à la réalité. Pauvres, mais jamais miséreux. La différence est de taille, la pauvreté accordant aux individus une dignité que la misère leur ôte. Guilloux le sait pour l'avoir vécu, s'il en parle mieux qu'un autre, c'est qu'il est écrivain. Rien de plus. Ses prolétaires sont ouvriers, paysans déracinés, artisans, rejoints parfois par les commerçants les moins aisés. Il les connaît pour les avoir fréquentés, côtoyés, aimés. Il en fera donc ses personnages, héros d'un monde à naître, utopistes autant que généreux – forcément généreux puisque utopistes – pour lesquels il trouve le mot juste, brut de matière, lyrique lorsque les situations l'imposent, mais toujours sans afféterie. La tendresse avec laquelle il décrit ces hommes et femmes, n'a d'égale que celle qu'il déploie pour parler des nombreux logis occupés par les siens. Les maisons ! Enfin. Je me demande parfois, en relisant certains de ses ouvrages, de *La Maison du peuple* à *l'Herbe d'oubli*, où il traite de ses logis d'enfance, si la vraie, l'unique, l'introuvable maison, celle après laquelle je cours n'est pas tout entière, et de façon définitive, prisonnière de ces pages. Elle serait alors à ciel ouvert, visible et invisible, englobant la ville et ses habitants, une bâtisse gigantesque, tumultueuse, comme sait l'être la vie. Pour farfelue qu'elle paraisse, l'idée me tient à cœur. Visite des lieux...

Louis Guilloux est né à Saint-Brieuc le 15 janvier 1899. Il y est mort le 14 octobre 1980. Ceci n'est pas un résumé de vie, mais un constat. Deux dates, comme on en lit parfois en marge de documents administratifs, n'ont jamais suffi à faire une phrase. Même en y ajoutant un lieu. D'autant que celui-ci donne à penser que la vie s'est déroulée en totalité dans cette ville. Faux ! Encore que la chose n'aurait rien de surprenant dans une époque où le lot commun de la province est de demeurer chez soi. Mais nous avons affaire à un écrivain, sous-entendu un « artiste », quelqu'un qui par définition aime bouger, voir le monde, fréquenter les villes-capitales.

Écrivain, Louis Guilloux le fut, de la plus belle façon qui soit ; dans la simplicité de l'artisan dont toujours il revendiqua le qualificatif. Un homme qui ne fut sans doute pas toujours facile à vivre, assez têtu, bougon, d'une exigence extrême pour lui-même autant que généreux et attentif aux autres. Une « conscience » pour reprendre le mot de mon père, pour ne pas dire une éthique, qui le conduira à tourner le dos à certaines facilités offertes par le succès, ignorer les « séductions » parisiennes. Bien entendu les choses ne furent pas aussi simples que je les résume. Je n'ignore pas les conflits et divorces, le dilemme à répétition entre la foi et la raison ; les brouilles de l'homme avec ses lieux de vie.

En janvier 1899, Saint-Brieuc, chef-lieu des Côtes-du-Nord – qui ne deviendront Côtes-d'Armor que beaucoup plus tard – compte un peu moins de vingt mille habitants. C'est une agglomération active et prospère, dont l'essor suit celui de l'industrie et du commerce. Solidement ancrée dans les terres, mais possédant un port sur la

Manche, elle ne manque pas d'atouts pour attirer les entreprises exportatrices vers la Grande-Bretagne et les pays nordiques. C'est d'ailleurs un fait acquis depuis les années mille huit cent quatre-vingt, où usines et entreprises installées le long du Gouëdic puisent leur main-d'œuvre sur les campagnes voisines. La ville est donc, à la charnière de ce siècle, plus ouvrière qu'administrative. « *Ce n'était encore qu'une ville de vingt-cinq mille âmes, une assez grande ville quand même mais qui avait des allures d'un gros bourg, une ville silencieuse, où les gens qui se rencontraient s'arrêtaient sur le bord du trottoir pour bavarder. Une ville de petits commerçants et d'artisans où tout le monde prenait son temps...* » *(Ma Bretagne)*. Pour le reste peu de monuments prestigieux, peu de « célébrités » sinon l'écrivain Villiers de L'Isle-Adam, et Jules Lequier, philosophe injustement méconnu. Un passé sans éclat particulier donc. Une cité comme il y en a des centaines à travers la France, qui pense que le siècle à venir ouvrira l'ère du progrès et donc du mieux-être généralisé. Cela se lit dans quelques journaux réputés sérieux, et se colporte dans les salons les mieux fréquentés. Pas seulement à Saint-Brieuc, partout. Il y a, dans les dernières années du XIXe siècle, une sorte d'utopie ambiante alimentée par les progrès de la science et de l'éducation, sans oublier la révolution du machinisme.

Louis est le troisième enfant du couple. « *Ce grave événement se produisit dans une mansarde de la rue du Chapitre, à Saint-Brieuc donc, qui n'était alors qu'une petite ville, bien que chef-lieu du département...* » *(Ma Bretagne).* Deux filles le précèdent, Marie, de quatre ans son aînée, et Charlotte née deux ans plus tôt. Le père est cordonnier à son compte, la mère tient un petit commerce dans la rue du Chapitre où ils vivent. La première maison de Guilloux !

« ... *C'est là que je suis né. Ma mère était dans sa trente et unième année, mon père dans sa trente-deuxième. Ils en étaient à leur sixième année de mariage au cours desquelles ils avaient donné naissance à deux filles.* » *(L'herbe d'oubli)* Cette demeure n'existe malheureusement plus. Mais nous en possédons une photographie, où l'on voit les parents devant un magasin de chaussures. Calé dans l'embrasure de la porte, le père, en tablier, tient un enfant dans ses bras tandis qu'adossée à la vitrine la mère donne la main à une fillette. Au fronton de la boutique, le nom certifie la propriété en lettres claires sur fond noir. Image trompeuse, l'aisance supposée n'est pas au rendez-vous. L'époque est difficile, et si le travail ne manque pas, comme l'atteste la présence d'un apprenti sur la photographie, l'argent est rare. Le couple Guilloux n'est donc guère plus fortuné que ceux qui l'entourent. Cela se concrétise d'ailleurs, quelques années plus tard, par l'abandon de la boutique et un déménagement. D'autres suivront. Cinq en dix ans. Premier départ, première rupture, séparation d'avec la maison-mère. Trop jeune pour comprendre, l'enfant subit, s'adapte et retient. Ce sont les adultes qui, plus tard, peut-être en regardant cette photographie, lui apprendront ce qui s'est passé. Regretta-t-il cette demeure symbole de défaite sociale des siens ? Je ne saurais le dire. Lui-même se montrera discret, tant dans ses entretiens que dans ses *Carnets* sur cet épisode familial. Alors, occultée la maison de la rue du Chapitre ? Allons donc ! Elle est au contraire bien présente dans la mémoire de l'écrivain qui, beaucoup plus tard, dans ce curieux livre inachevé, à mi-chemin entre Mémoires et Carnets, cette *Herbe d'oubli* où souvenirs et actualité fusionnent, en reparlera. « *Mon père (...) voulut s'établir, devenir patron, ouvrir un magasin. On y vendrait des chaussures de confection (...) De simple cordonnier qu'il était il deviendrait bottier. Ma mère recevrait les clients. (...) Le fait est que dans cette même rue du Chapitre où ma mère avait eu sa boutique de modiste il ouvrit un joli magasin... Combien de temps dura l'affaire ? Un an, peut-être deux. Puis les choses tournèrent mal (...) On ferma boutique, il fallut chercher un autre logement. On en trouva un à deux pas de la cathédrale, place Saint-Gilles, d'où il fallut déménager encore un peu plus tard pour aller s'installer rue du Parc, dans trois mansardes.* »

Sans être très éloignée de la cathédrale, la rue du Parc n'est déjà plus dans sa proximité immédiate. Surtout en comparaison de la rue Saint-Gilles qui vient buter contre le chevet de l'édifice. Ceci est important pour Guilloux qui lui restera toujours très attaché. « *J'aime cette vieille cathédrale, tellement liée à toutes sortes de souvenirs. Pensé avec une sorte de regret qu'à présent j'appartiens à la paroisse Saint-Michel...* » *(Carnets).*

« *... J'aime le silence et l'ombre de la cathédrale, et je viens là parfois, toujours me faufilant, pour rêver à ma chronique. Il m'a toujours semblé que la cathédrale est le lieu même où cette rêverie peut le mieux se poursuivre. N'est-ce pas ici, tout compte fait, que l'essentiel des choses s'est passé depuis quinze siècles ?* » *(Jeu de patience).* Ces mots, venant d'un agnostique avéré, peuvent faire sourire. À tort ! En bon Breton qu'il est, Guilloux est fasciné par le sacré et ne s'en cache pas (2). C'est quelqu'un pour qui le spirituel l'emporte sur le religieux, et qui se montrera toujours extrêmement tolérant pour la croyance des autres. Par ailleurs, la cathédrale et les vieux quartiers qui l'entourent sont témoins de son enfance. Une sorte de périmètre sacré, le mandala, auquel toute sa vie l'attacheront de puissantes racines affectives. Mais à Saint-Brieuc comme ailleurs, la ville évolue et se modifie au détriment des quartiers vétustes. À mesure que ceux-ci disparaissent, Guilloux se rapproche de la cathédrale Saint-Étienne, ultime survivante de ce qui fut, veillant comme un phare sur les souvenirs.

À la rue Saint-Gilles succède celle du Parc et ses mansardes... « *Après les malheurs du début, mes parents vinrent loger dans trois petites mansardes, à l'autre bout de la ville.* » Le fait de déménager n'a rien d'exceptionnel dans une époque où, le gré-à-gré couvrant tous les excès, les locataires se trouvent contraints de porter leurs pénates ailleurs. Les Guilloux n'échappent pas à cette règle et changent d'adresse. Dans ses écrits, l'adulte n'aborde jamais le fait lui-même, mais les conséquences : découverte d'un lieu, d'une maison, d'un quartier et de la vie de celui-ci. Ses descriptions sont plus celles d'un observateur que d'un romancier. « ... *Par bonheur, ces mansardes étaient pleines de lumière. Les deux plus belles ouvraient sur le parc de la Préfecture, et, des fenêtres, on ne voyait que les arbres dans le ciel.*

L'une servait de cuisine. C'est là aussi que nous couchions, mes deux sœurs et moi, dans des lits que mon père nous avait fabriqués avec des planches. Dans l'autre mes parents avaient fait leur chambre, que nous appelions « la belle chambre » parce que leurs objets les plus précieux y étaient rassemblés » *(La Maison du peuple).*

Mais, est-ce bien toujours le même logis qu'il décrit ainsi dans *Le Pain des rêves* ? « *La maison elle-même était une bâtisse ruineuse qu'on aurait dit faite avec les débris mal assemblés de plusieurs autres... La maison était si vieille, elle avait, au cours des âges, subi tant de modifications qu'il n'était point du tout étonnant de voir que, dans le mur d'une écurie, on eût percé une haute et large fenêtre...* »

Louis Guilloux et Jean Grenier font connaissance à la bibliothèque municipale de Saint-Brieuc en 1917. Rencontre capitale, les deux adolescents ont sensiblement le même âge, et une passion commune : les livres. L'amitié qui les lie dans l'instant ne s'achèvera qu'à la mort de Grenier, cinquante-quatre ans plus tard, en 1971. Le philosophe – futur professeur d'Albert Camus – est donc le témoin incontournable des dernières années que Guilloux passe chez ses parents, à Saint-Brieuc. Quarante ans plus tard, se souvenant de la maison de son ami (curieusement rebaptisé Michel) il en donne la description suivante dans son ouvrage intitulé *Les Grèves* : « *Michel habitait une de ces maisons que tous les enfants voudraient avoir pour logement, moitié en pierres, moitié en planches, de guingois, avec des recoins obscurs et un balcon de bois. Cette maison était précédée d'une sorte de cour qui donnait sur une grande place, et cette cour n'était pas triste parce qu'elle était exposée en plein midi et que seule une palissade la séparait d'une de la place... À l'étage auquel on accédait par un petit escalier intérieur, les pièces étaient, même s'il faisait du soleil, baignées d'ombre, tant la maison était plus basse que la place, et c'était comme un automne perpétuel que l'on y respirait... Michel se plaisait dans cette vaste caverne aérienne propice aux rêveries de l'adolescence...* »

Cet appartement est celui de la place du Théâtre, dans lequel Louis Guilloux a passé près de neuf ans. La description qu'en fait Grenier a donc toutes les chances d'être conforme au modèle dans lequel il a été admis, pas très éloigné à tout prendre des mansardes de l'enfance. Même intérieur, même quartier ; celui de la cathédrale. Un quartier populaire auquel, dès son premier livre il rend hommage... « *Derrière la cathédrale, de petites rues obscures et tortueuses, ouvertes comme par violence entre d'anciennes maisons de bois, formaient le bas quartier de la ville. Là vivait une population de petits marchands, de brocanteurs et d'ouvriers...* » *(La Maison du peuple).*

« ... *Dans nos mansardes nous vivions de peu. Le métier de mon père ne rapportait pas grand argent. Il fallait qu'il travaille longtemps pour gagner une petite journée. (...) Il passait quelquefois la nuit au travail. Au petit jour, ma mère allait lui porter son café.* » *(La Maison du peuple).*

En mil neuf cent dix-huit, Louis Guilloux quitte Saint-Brieuc. Il vient d'avoir dix-neuf ans, et ne possède aucune formation professionnelle. Le train qui l'emmène à Paris est certes moins rapide que ceux d'aujourd'hui, mais pas assez lent pour lui faire regretter sa décision de rompre avec sa

ville, son emploi de pion au Lycée, sa famille. À Paris commence le cycle des emplois et logements provisoires. Il travaille ici et là, avant d'être embauché à *L'Intransigeant*, assurant ainsi une indépendance financière, qui lui permet d'écrire. Pourquoi écrit-il et sur quoi ? Aucune idée. Sinon la plus plausible : par désir. Sans doute a-t-il commencé dans ses mansardes, avec ou sans Jean Grenier. Mais à Paris, ce ne sont pas des nouvelles ou des vers dont il s'agit, mais d'un livre. Celui-ci entre en chantier dans les années vingt, sans que nous en sachions plus. S'agit-il d'une première ébauche de *La Maison du peuple* ? Difficile à dire, les *Carnets* ne s'ouvriront que quelques années plus tard, et ceux-ci ne seront jamais très loquaces pour ce qui le concerne. Seule la correspondance avec ses sœurs pourrait peut-être nous éclairer. Encore que... Bref, Guilloux commence cette longue plongée dans le passé des siens, de sa ville. Il se souvient. Et comme la jeunesse n'accorde pas toujours le bénéfice du vécu, c'est de l'expérience des autres qu'il va s'inspirer, celle de ses proches, et de ce témoin privilégié, l'enfant qu'il fut. Pas d'homme sans enfance, selon le mot de Bachelard, pas d'enfance sans enracinement, ajouterai-je en pensant à Louis Guilloux, qui resta toujours si sensible à la sienne. Comment s'en étonner, et quel reproche pourrait-on lui en faire ? D'autant que, même si cela n'apparaît pas clairement, son père et lui ont des problèmes relationnels.

Ceux-ci sont mal définis. Peut-être furent-ils dus aux caractères entiers des deux hommes. Peut-être aussi à des divergences plus profondes. Comme on le sait, Louis Guilloux fut victime, dans son très jeune âge, d'une attaque de tuberculose osseuse. Celle-ci lui laissa une atrophie de la main et du bras gauches, qui lui interdit l'accès au travail manuel auquel son milieu le destinait. Pourquoi pas cordonnier par exemple ? Ne serait-ce que pour prendre, en son temps, la suite du père. Maladie et handicap s'opposent à ce que les choses se fassent ainsi. Il étudie donc. Bon élève, doté d'une bourse d'État, il suit des études. Sa vie semble alors tracée vers une carrière de professeur, autrement dit, vers une certaine aisance. Qu'en pense ce père, militant socialiste, vieux républicain pénétré des principes d'émancipation professés par la Révolution Française ? Là encore nous n'en savons rien. Tout porte à croire que cette hypothèse avait de quoi le satisfaire. À moins que, méfiant des « bourgeois de l'administration » il ne craigne de voir son fils rejoindre le camp des « bourgeois ». Quoi qu'il en soit, les choses n'iront pas dans ce sens, puisqu'en réaction contre l'Éducation Nationale et ses « maîtres et professeurs » le fils, anticipant peut-être les désirs du père, renonce à sa bourse, interrompt ses études, et prend le train. Intellectuel, il se considère comme un bourgeois. Le « bourgeois de la famille » terme dont il se créditera jusqu'à la fin de sa vie, oubliant que Charlotte suivit, sans états d'âme, des études de sage-femme. Il y a un rien de flaubertien dans cette déclaration. Sans doute aussi la trace d'un regret, celui de n'avoir pu poursuivre la tradition « d'ouvrier manuel » des siens. Un bourgeois, dans l'esprit du jeune homme, doit faire ses preuves. Les siennes passeront par l'écriture. De quoi ? De l'un des aspects de la condition humaine qu'il connaît le mieux pour l'avoir vécue : la pauvreté. Une pauvreté non pas désespérée, comme elle se montre trop souvent, spirale à broyer les êtres, mais combattante solidaire, fraternelle, celle qui veut et doit faire bouger le monde, changer les choses. Rien de surprenant lorsque l'on sait que le père, artisan cordonnier à Saint-Brieuc, fut secrétaire de la première section du Parti Socialiste de la ville. Le fils écrira donc sur cet autre Louis, son père, et les compagnons de celui-ci, et ce livre deviendra *La Maison du Peuple.*

L'ouvrage s'ouvre sur la description des « trois petites mansardes, à l'autre bout de la ville ». Ce sont celles qu'occupèrent ses parents après la débâcle de la rue du Chapitre. Trois pièces qui n'en font que deux, puisque la troisième trop exiguë servait de débarras... « *Mais de sa fenêtre on dominait la pleine campagne, un beau tertre surmonté d'une Vierge en pierre et le jardin de notre voisin Monsieur Le*

Moël. Sa petite fille Jeanne venait y jouer, et nous nous penchions à la fenêtre pour la voir. » Souvenirs d'un vécu récent, que le temps n'a ni estompé, ni magnifié. La maison décrite semble beaucoup plus vaste qu'elle ne fut sans doute réellement, ouverte sur le monde, collective. Préfiguration de toutes les maisons à venir ? Ou de la caverne originelle ? Du ventre de la mère, ou de ce Temple, espace et symbole de fraternité dont lui ont parlé ses livres, de la Bible aux écrivains russes en passant par le Hugo des *Misérables* ? Pourquoi pas, puisque l'un des instigateurs du projet de construction de cette Maison du peuple n'est autre que le propre père de l'écrivain. On se souvient en effet que ce roman raconte, plaqué sur le quotidien d'une ville – Saint-Brieuc – le projet de construction, par un groupe d'ouvriers et d'artisans, d'une maison commune, ouverte et fraternelle, un lieu de solidarité vécue, et de défense : une maison du peuple. Une maison, donc, j'y reviens. Que celle-ci soit familiale ou amicale importe peu, puisque dans les faits c'est de la même dont il s'agit. Un lieu, de partage et d'accueil, convivial et sécurisant, autrement dit un espace de liberté. Ce n'est sans doute pas un hasard si Louis Guilloux associe, dans un même ouvrage, mansardes de circonstance et utopie prolétarienne. Confronté à l'éloignement de ses lieux d'enfance, puis à leur disparition, l'auteur consigne, véritablement, ses souvenirs. Technique qu'il va employer dans l'ensemble de son œuvre, comme en paiement d'une dette vis-à-vis des siens, et de ce bonheur fugace que fut l'enfance. Les vieilles maisons du quartier de la cathédrale de Saint-Brieuc sont à mes yeux les seules vraies demeures de Louis Guilloux. Inutile de les chercher ailleurs que dans ses livres, elles sont là, intactes, avec ce côté un peu diaphane que l'éternité accorde quelquefois.

Il me semble parfois, refermant ce livre dont adolescent je pouvais réciter des passages par cœur, que mon entêtement à rechercher une demeure de Louis Guilloux à Saint-Brieuc n'a pas de sens, puisque l'objet de ma quête est définitivement là, présent dans cet ouvrage, et que nulle part ailleurs je ne pourrais en trouver modèle plus approchant. Pourtant, il suffit que mes pas me conduisent, une fois de plus – une fois encore – vers le quartier de la cathédrale, haut-lieu briochin du Musée Imaginaire de Guilloux, pour que mon désir renaisse, et que j'aille de nouveau vers ces Maisons d'Encre contenues dans l'œuvre. Maisons d'écrits, décrites, appelées à prolonger la mémoire des premières, depuis longtemps abattues.

Louis Guilloux a toujours refusé l'étiquette d'auteur engagé. Si politiquement le fait est exact, sa vie et les choix qu'il fit lors des périodes les plus difficiles de ce siècle prouveront le contraire. À mes yeux, non seulement il est engagé, mais de la façon la plus authentique qui soit ; aux côtés de l'homme démuni, persécuté, menacé. Bien que le mot l'eût sans doute effrayé, il ne m'est pas interdit de dire que ce fut un humaniste à l'état pur. Le virus ne s'acquiert ni dans les livres, ni à l'université. On le porte en soi. Reste à le fortifier, au contact de la réalité quotidienne. Celle dont lui parla son père. Celle à laquelle il se frotta, qu'il côtoya dans le quartier de la cathédrale, dans l'échoppe où se réunissaient les compagnons. Les compagnons, qui s'appellent entre-eux « camarades ». Nul doute qu'il les ait écoutés, des heures durant, retenu ce qui se disait. Le fait est certifié par Jean Grenier, et les premiers ouvrages en témoignent à l'état brut. Ce sont bien les espérances de ces hommes qui, par la voix restituée de l'écriture, nous parviennent. Espérance en forme de certitude, partagée par l'auteur. Plus tard dans l'avancement de l'œuvre, les mêmes aspirations à une société plus juste reviendront, évoquées en termes similaires. Dans *Le Jeu de Patience* notamment, où l'un des personnages prophétise le bonheur à venir pour tous dans une prochaine « Cité Future » réminiscence à peine voilée de la Jérusalem Céleste des Écritures. Guilloux écoute, retient, brasse ce qu'il reçoit, ajoute et écrit. Si cette « Cité Future » est le fruit de l'imagination du romancier, elle ne lui est pas inconnue pour autant. Son père, ses proches en parlaient déjà, sans doute en d'autres termes, dans ces maisons ouvrières jamais très éloignées du phalanstère. Ces logis fantômes qui ne cessent de l'habiter, à Paris lorsqu'il écrit *La Maison du peuple*, à Saint-Brieuc jusqu'au dernier écrit.

« ... *Que ce soit de jour ou de nuit, il serait bien vain pour moi de chercher à reconnaître dans la confusion des toits ceux qui abritèrent les maisons de mon enfance. On les a presque toutes abattues, depuis la maison de la place de la Grille jusqu'à la maison de la place du Théâtre dans laquelle j'ai vécu de ma dixième à ma dix-huitième année...* » *(L'Herbe d'oubli)*

« *Tout a disparu, notre maison et toutes celles qui l'entouraient, celle de la petite rue aux Toiles où ma mère était née qui était presque une ruelle, celle de la rue de la Clouterie sous la cathédrale, où mon père était né, les maisons de la rue Saint-Jacques, dont il ne reste plus rien.* » *(Ibidem)*

(1) Entre autres, *Thèmes et Symboles dans l'œuvre romanesque de Louis Guilloux*, Yannick Pelletier, Université de Haute-Bretagne, 1979. *Louis Guilloux témoin de son temps*, Andrée Bastard, Brest, 1971. *Les données sociales dans les romans de Louis Guilloux – 1900-1920*, Pierre Le Boulaire, Rennes, 1974.
(2) Rejoignant en cela Jean Guéhenno, avec qui il fut ami. *Journal d'une révolution*, (Pâques 1938), Éditions Grasset, 1939.

VEZELAY
TEL

La maison de pierres
2

À PARIS,
Louis Guilloux ne se contente pas de travailler comme traducteur d'anglais au service étranger de *L'Intransigeant*, il sort, fréquente les milieux littéraires en compagnie de Jean Grenier, noue des amitiés avec André Chamson, André Malraux, Daniel Halévy, Henri Petit, Jean Guéhenno, Max Jacob, et écrit. Non plus des articles, destinés à d'épisodiques revues, mais du solide, du « long terme », peut-être un (ou des) roman(s).

Je ne pense pas, du moins rien ne le dit, que ce fut sa vocation première. En eut-il seulement une ? Plus tard il dira que son rêve fut d'être artisan. Sur le tard, d'accord, mais en mil neuf cent dix-huit, dans le train qui l'emmène à Paris ? D'ailleurs, à dix-neuf ans, lorsqu'on est libre et fier, songe-t-on à vraiment à perdre son temps avec ce genre de fariboles ? On vit, tout simplement. Et c'est déjà beaucoup. D'autant que, ne l'oublions pas, quelques semaines plus tôt, il a renoncé à la bourse d'État qui faisait de lui un « assisté ». Ce n'est pas pour retomber dans une quelconque aliénation de type universitaire ou d'apprentissage qu'il a franchi le pas, rompu les amarres familiales, mais pour être indépendant ; dans tous les sens du terme. Pensant que la littérature lui offre cette voie, il s'y frotte, « écrivaille », pris, comme tout auteur qui se respecte, entre les affres du doute et l'exaltation née de quatre phrases articulées. En fait il se rode, apprend, retient, persévère contre les difficultés et le temps, avant de s'attaquer à l'écriture d'un roman, qu'il retrouve chaque soir dans l'appartement qu'il occupe avec sa sœur, rue du Val de Grâce.

Difficile d'occulter ici le souvenir des domiciles parisiens de Guilloux au cours des années vingt. Moins pour leur nombre, assez impressionnant, que parce qu'ils préfigurent une longue liste de maisons d'amis, chambres de bonnes, garnis et logis de hasard dans lesquels il séjournera régulièrement plus tard. Maisons, donc domiciles, mais une fois encore provisoires, lieux dc vie dans lesquels on ne « s'installe » pas. Ce n'est pas l'absence de « propriété » qui est en cause, mais un comportement. Celui d'un nomadisme immobilier qui ne fera que s'accentuer dans le temps. Propriétaire, Guilloux le sera si peu, dans l'esprit du moins, qu'au confort établi, organisé du « chez soi » il préférera souvent le campement provisoire chez les autres. Et si l'homme, et plus tard l'homme mûr, poursuivait indéfiniment les déménagements du quartier de la cathédrale ?

À mes yeux l'appartement de la rue du Val de Grâce n'est pas un simple domicile, mais le symbole de l'émancipation économique et sociale du jeune homme. Celle-ci est capitale, puisqu'elle l'ancre dans la voie qui sera désormais la sienne : l'écriture. C'est également dans cet appartement que se nouent des relations d'amitié et s'acquiert cette habitude à laquelle Louis Guilloux restera attaché toute sa vie : recevoir. Nous ne savons que peu de chose sur cet appartement, sinon qu'il le partage avec sa sœur Charlotte – qui poursuit des études de sage-femme – et qu'il y attend les autres : « *Décembre 1922. Hier soir, chez moi, grande réception : huit ! Pour écouter Chamson nous lire* Roux le bandit. » *(Carnets)*

Et puis, comme la vie aime faire des pieds-de-nez à ceux qui la bousculent, l'Éducation Nationale dont le jeune homme aime à se moquer, le rattrape – et le conquiert cette fois – sous les traits de Renée Tricoire, élève de l'École Normale, rencontrée, dans une soirée littéraire, comme il se devait ! Née à Toulouse – dans le quartier de Moscou, cela ne s'invente pas ! – en 1895, de parents commerçants, « cathares et parpaillots », c'est une élève brillante, dont on louera par la suite les qualités de professeur. Ils se marient à Toulouse le 12 août 1924. Nommée professeur de français, Renée connaît les affectations en va-et-vient, dont raffole l'administration. Toulouse, Paris, Angers, Versailles. Il faudra attendre 1939 – circonstances obligent – pour qu'elle soit enfin affectée à Saint-Brieuc où le couple est déjà installé dans ses murs. Pour l'instant Louis écrit de plus en plus, non pas en secret puisqu'il en parle à ses proches, « pour lui ». C'est du moins ce qu'il prétend. Argument connu, usé d'avoir servi parfois aux écrivains les plus confirmés. Il y a dans cette dissimulation un petit zeste de *Paludes.* Enfin bref il écrit « pour lui » et un peu aussi pour les journaux ; *Le Matin* et *Le Petit Journal* où il publie des feuilletons. En fait il travaille à la rédaction de *La Maison du Peuple.*

Ceci est autrement intéressant que les feuilletons. Non seulement pour la qualité intrinsèque du roman, non seulement parce qu'il annonce une œuvre conséquente, mais pour le retour sur lui-même que ce travail lui impose. L'introspection n'est facile pour personne, difficile pour quelques-uns, périlleuse pour un écrivain qui, par définition, consigne, arrête le temps, prend des risques. Cela n'a l'air de rien mais brasser ses souvenirs, des heures durant, chaque jour pendant des semaines... Et encore, lorsqu'il s'agit de réactiver la mémoire d'un petit groupe, un clan, une famille, mais celle d'une ville avec ses intérêts contradictoires, ses antagonismes ? Il me plaît d'imaginer ici Louis Guilloux qui, selon Camus « *a fait ses classes à l'école de la nécessité* » écrivant, décrivant la lutte obstinée – et quasiment solitaire – de François Quéré (son père à peine dissimulé) en faveur du progrès social, vingt fois annoncé, toujours reporté. Progrès incarné dans la réalisation de cette maison, construite par, et pour, le peuple, symbole d'entraide et d'émancipation ouvrière. Il me plaît de l'imaginer disposant, peut-être à la manière du Giono de *Noé*, des objets autour de lui, objets incarnés, étiquetés, désignés ; ici la cathédrale, ici la mairie, là le local de la section socialiste d'une ville jamais nommée : Saint-Brieuc ! Cela parle et crie ; chahut, tumulte ; le progrès n'a nul besoin de préséances, c'est à ce prix que les temps changeront ou le malheur vaincra. Ils le savent. Il le sait, et écrit soir après soir, cette histoire – ou à quelque chose près, une autre qui lui ressemble – vécue, ou rappelée. Car chez les pauvres on se souvient assez longtemps pour transmettre, de génération en génération, le goût amer du dénuement.

Comment vit-il cette période ? Les *Carnets* ne nous le disent pas. Dommage, car le retour sur les siens – notamment cette figure idéalisée du père – et la ville dont il a dans un certain sens « déserté » n'ont certainement pas été sans incidence sur la suite des événements et des choix qu'il va faire.

Édité chez Grasset en 1927, *La Maison du peuple* reçoit la Bourse Blumenthal, et connaît un succès immédiat. Salué par la critique, Louis Guilloux est également reconnu par les plus grands noms de la littérature de l'époque. Le temps n'est plus très éloigné où l'homme qui rêvait d'être artisan pourra déclarer « l'écriture est devenue mon métier, ça l'est resté depuis. Je n'ai rien fait d'autre ».

En 1930, Renée et Louis Guilloux font construire impasse Pasteur – actuelle rue Lavoisier – à Saint-Brieuc, dans l'un des nouveaux quartiers de la ville. Celui-ci se situe au nord-est de l'agglomération, à quelques centaines de mètres du Gouët, rivière descendant des terres pour se jeter, grossie du Gouëdic, dans la mer, pas très loin du port de commerce. C'est Charlotte, la sœur aînée, qui a rétrocédé une partie du terrain au jeune couple. Elle-même construira plus tard, à côté d'eux. Ce quartier ressemble à son époque, les maisons à un ou deux étages possèdent souvent un jardin, ainsi que des grilles ou murets en façade. Sans être franchement résidentiel, le lieu s'y apparente, et montre un certain bien-être chez les résidents.

La maison de Louis Guilloux est un peu perchée. Je veux dire qu'elle n'est pas de plain-pied avec la rue, mais légèrement en hauteur sur une sorte de butte, conséquence de travaux ultérieurs au prolongement de la rue. En mil neuf cent trente-deux, celle-ci s'évanouit dans les champs et forme une impasse, qu'un jardin sépare de la maison. La poursuite de l'urbanisation du quartier et le percement de la rue nécessiteront le prolongement de l'escalier de ciment que l'on emprunte aujourd'hui. Le jardin a cédé une large place au garage actuel dans les années soixante. On accède donc au rez-de-chaussée, par une dizaine de marches, débouchant sur une allée dallée. Elle est construite en pierres, comprend deux étages, et possède un jardin sur l'arrière.

À première vue, à part l'ajout de volets et la patine du temps, la maison demeure identique à celle dans laquelle les Guilloux emménagèrent en mil neuf cent trente-deux. Sauf à l'intérieur, où, lors de travaux récents, les pièces ont été redistribuées sur deux étages.

Que pensa Louis Guilloux, lorsque pour la première fois, il franchit le seuil de cette maison ? Nous ne le savons pas. Aucun écrit, ni témoignage, ni confidence, silence le plus complet. Avant d'en déduire un constat trop hâtif, il faut se rappeler que durant les deux années que durèrent les travaux, le couple vivait à Angers. Pour des gens motorisés, l'éloignement des deux villes n'avait rien d'insurmontable, mais les Guilloux ne l'étant pas devaient recourir aux interminables transports en commun, ou renoncer à s'impliquer. Ce qu'ils firent, déléguant ce rôle à Charlotte qui surveilla, écrivit, rendit compte. Ceci n'a certainement pas été sans conséquence sur la suite des rapports entre l'homme et sa maison. Nous savons bien que le fait d'acquérir ou de faire construire une demeure n'est pas un acte innocent. Même chez le plus indifférent des hommes, le moins matérialiste. Alors ? Faute de connaître les choses par le détail, je m'en tiens au concret. C'est un artisan maçon, ami du couple, qui construisit. À part certains travaux, où la présence d'un compagnon fut nécessaire, il travailla seul. Parfois à temps perdu. Difficulté d'argent ? Peut-être, mais plus sûrement problèmes de santé, avec une nouvelle attaque de tuberculose contre laquelle il accepte, puis refuse un séjour en sanatorium. Les travaux de construction durent deux ans. Le couple emménage aux vacances d'été de mil neuf-cent-trente-deux. Tenus par l'écrivain depuis plus de neuf ans, les *Carnets* n'accordent aucune place à la maison, ni à son installation. Étrange ? À vrai dire, non, puisque la rencontre avec Renée, leur mariage, la naissance d'Yvonne, les joies et peines du quotidien passent également à la trappe. Guilloux est un homme discret, extrêmement réticent à parler de lui. Tous ceux qui l'ont approché en témoignent ; et lui-même revendique cette liberté. D'accord ! Mais à ce point ? Il y a des moments où détachement et discrétion ne sont pas loin de ressembler à de l'indifférence.

Cela dit, les problèmes rencontrés au cours des travaux ne m'intéressent guère. Se sont les sentiments et réactions de l'écrivain, ses projections, que j'aimerais connaître face à cette maison qui marque son accès à la propriété. Car enfin, ce n'est pas rien de faire construire, de s'approprier un espace, accepter de s'y confiner. Surtout lorsque l'on s'appelle Louis Guilloux et que l'on est foncièrement plus nomade que sédentaire. Toujours est-il que des décisions ont été prises, importantes puisque entérinant des choix. Lesquels ? Entre celui d'une recherche de sédentarité, dont je doute, le désir d'une vie « provinciale » qui m'étonnerait, et le souhait d'un retour en Bretagne restant à prouver, je ne sais quelle hypothèse privilégier. Je pense même que la réponse est ailleurs, plus complexe, plus diffuse aussi. Seule une question demeure qui mériterait approfondissement : pourquoi avoir construit à Saint-Brieuc ?

Personnellement je pense que Renée demeure à l'origine de ce choix. C'est une décision de femme, d'épouse, de future mère, et nous savons bien que ce sont elles qui dans ce genre de résolution l'emportent. Renée, la grande absente de l'œuvre, est d'extraction bourgeoise. Elles aime très certainement la sécurité domestique, comme elle apprécie les belles choses, objets, meubles. Je regrette qu'elle n'ait pas écrit, tenu un journal, pour savoir ce qu'elle pensa de cette maison et de la ville où elle allait se fixer pour plus d'un demi-siècle. Car Saint-Brieuc n'est pas Toulouse, où elle est née, ni Paris où elle vivait lors de sa rencontre avec Louis. Certes Saint-Brieuc a du charme, les environs sont souvent très beaux, l'arrière-pays également. Cela suffit-il pour oublier le soleil dans lequel on a grandi ?

Au printemps mil neuf cent trente-deux, le couple quitte définitivement Angers, où il vivait depuis quatre ans, pour emménager rue Lavoisier. Renée est enceinte. Louis qui vient de publier *Dossier Confidentiel* et *Compagnons* se remet lentement de sa rechute de tuberculose. C'est leur premier été, chez eux, à Saint-Brieuc. Dans ses *Carnets*, Louis Guilloux parle de la montée des risques de guerre – qui fait déjà rage entre la Chine et le Japon – et des différents Comités et Congrès qui se mettent en place pour lutter, autant qu'il se peut, contre l'inexorable. Il consigne aussi un certain nombre d'anecdotes – ces « Choses Vues » si présentes dans les premières années des *Carnets* – parle de la mort d'Aristide Briand, de l'assassinat de Paul Doumer, des six millions de chômeurs Allemands et des quatorze millions de voix recueillies aux élections par Hitler, mais ne dit pas un mot sur la maison, ni sur l'enfant qui naît en octobre.

C'est une fille, Yvonne. Jean Grenier sera son parrain.

J'ai dit que le couple avait emménagé au printemps mil neuf cent trente-deux. C'est vrai. Mais de façon nomade, entre deux départs. Concrètement, ils continuent de se partager entre la Bretagne et Paris. Renée enseigne à Versailles, Louis écrit, travaille sur le manuscrit d'*Angelina*, à moins que ce ne soit sur *Le Sang noir*, et fréquente les milieux intellectuels. Cette vie semble lui convenir. Du moins la lecture des *Carnets*, une fois encore seule source de référence, ne laisse pas présumer du contraire. J'avoue qu'arrivé à ce stade de mon enquête, je me suis demandé si, à ses yeux, cette « propriété » n'avait pas été plus un symbole de réussite sociale qu'une demeure. Bien sûr, cette hypothèse semble contradictoire avec la personnalité de Guilloux, qui n'éprouva jamais un quelconque besoin de « revanche du fils du cordonnier » pour être lui-même. Mais enfin, l'absence d'intérêt manifesté pour cette maison avait de quoi étonner. Ce qui ne manqua pas de m'arriver, le temps d'affiner ma connaissance de l'homme. La suite démontra, notamment par l'enracinement de l'œuvre, que cette maison de Saint-Brieuc fut capitale, et dans un certain sens irremplaçable pour l'écrivain. Cela ne veut pas dire qu'il lui fut plus fidèle ou simplement reconnaissant, mais qu'il en eut besoin.

Je sais donc que Guilloux ne considéra jamais cette maison comme une fin en soi, un certificat d'appartenance au clan, une preuve de « réussite ». C'est pourtant ce qui se pensa, et se dit, alors dans la ville. Il est vrai que les rapports entre l'homme et sa cité ne furent pas toujours simples, et qu'une demeure inoccupée suscite toujours plus d'interrogations que d'indifférence. Surtout lorsqu'elle est neuve.

Pour le moment, Parisien de circonstance, Louis Guilloux écrit, tandis que je le cherche à Saint-Brieuc. Nous sommes donc faits pour ne jamais nous rencontrer. Il n'y a pas, dans ce constat, matière à tragédie, mais à confusion. Je n'y échappe pas, j'y sombre. Rentré chez moi, j'écris sur cet homme estompé qui, dans mon esprit, écrit. Cela tient de la poupée russe, du tableau qui se répète, avec une petite touche de *La Nuit américaine* de Truffaut. Certes, je n'espérais pas ramener de ce voyage autre chose que ce que je trouve à l'ordinaire ; une imprégnation de la ville, de ses rues, de l'extraordinaire présence du quartier de la cathédrale. Bref d'une sorte d'état d'âme propice à questionnements. Comment organisait-il ses journées d'écriture ? Quelles furent ses difficultés ? Ses sources d'inspiration ? Certains écrivains se sont exprimés sur ce point. Lui, non. Guilloux n'est pas bavard sur son compte. Non seulement pour ce qui concerne l'écriture, mais également par rapport à ses lieux de vie. C'est ainsi qu'il faudra attendre près de vingt ans et la publication du *Jeu de patience* pour savoir à quoi ressemblaient, dans les années mil neuf cent-trente, les lieux où il faisait construire. « *Dans les bouleversements qu'a subis depuis vingt ans et plus ce petit coin de terre que nous appelons le Tertre-aux-Bleuets sur lequel est bâtie la maison que j'habite, parmi les maisons et les jardins conquis sur les friches autour d'un vieux moulin abandonné et sans ailes, seul un petit sentier est demeuré intact, étroit, sinueux, rocailleux, se glissant d'abord entre des jardins clôturés de treillages pour aboutir après quelques centaines de pas en pleins champs.* »

Ce n'est pas la première fois que je viens au 13 rue Lavoisier visiter Louis Guilloux en son absence. Aujourd'hui une plaque de marbre est apposée sur le mur, près de la porte d'entrée. Les habitants du quartier ne la voient plus, bien sûr. C'est pourtant la seule chose qui distingue cette maison des autres. Pour le reste, même lorsqu'elles ne se ressemblent pas vraiment, elles ont un air de cousinage.

En mil neuf cent soixante-trois, la plaque de marbre n'existait pas. Louis Guilloux était vivant et recevait du monde. Un jour, l'un de mes amis qui entretenait des relations avec lui, me proposa de l'accompagner. J'acceptai, avant de me défiler. Timidité. Peur de ne rien avoir à dire. De ne pas être à la hauteur devant cet homme, UN ÉCRIVAIN dont j'avais lu quelques livres, certes, mais pas assez. Pas assez bien. Pas comme lui l'aurait peut-être souhaité. Bref je refusai. J'étais jeune. Cela n'excuse rien, je sais, mais explique. Quinze ans plus tard, à la Maison de la Culture de Rennes, même faux bond. Cette fois l'âge n'est plus prétexte, et il s'agissait d'une soirée publique ? J'aime à dire que la vie est faite de rendez-vous manqués. On aura compris que je parle d'expérience.

La dernière fois que je suis venu ici, le responsable des services culturels qui m'accompagnait m'a reparlé de cet escalier intérieur dont une légende tenace veut qu'il aurait été « oublié » lors de la construction de la maison. Ce n'était pas la première fois que j'entendais cette anecdote, rapportée comme un fait authentique. Il est vrai que l'escalier en cause, particulièrement étroit et d'usage malaisé, pourrait avoir été rajouté après-coup, mais cela ressemble quand même un peu trop aux « histoires » qui courent sur les maisons d'artistes, et surtout d'écrivains (1).

Aujourd'hui nous ne parlons pas de l'escalier, ni du Paris d'avant-guerre, où je me heurte au vide absolu. En fait nous ne parlons pas, ou peu. Je revisite, regarde, prends des notes. Une fois de plus, je suis chez Louis Guilloux, avec cette impression d'arriver trop tard, d'être de trop dans ces pièces vides que l'on ouvre et ferme à ma demande. Face à la porte d'entrée, l'escalier qui mène aux étages. À gauche le rez-de-chaussée où se tenaient le salon, la salle à manger, la cuisine, et une petite chambre indépendante. Au premier étage la chambre du couple, la salle de bains, les toilettes, et deux chambres d'amis. Enfin, le bureau-bibliothèque de l'écrivain occupe tout le second étage. C'est une pièce très émouvante, la seule qui soit restée sinon en son état originel, du moins assez proche de celui où Louis Guilloux écrivait encore, quelques semaines avant sa mort, en octobre 1980.

Ce bureau, j'en parlerai plus tard, et autant qu'il le faudra puisque seule pièce capable de nous entretenir aujourd'hui de son hôte. Revenons à la maison, ce lieu où l'histoire m'assigne, un domicile enraciné dans une terre, la Bretagne, et ouvert sur le monde, c'est-à-dire les autres et l'accueil qu'on leur doit. Guilloux aime recevoir. C'est une constante chez lui. Dans l'appartement de la rue du Val de Grâce, à Paris, déjà, comme plus tard rue du Dragon, à Saint-Brieuc aussi, bien sûr, toujours il reçoit, accueille, écoute. Ce fait acquis est d'autant plus intéressant qu'il porte un éclairage différent sur un personnage souvent décrit comme renfermé, hautain, et quelque peu distant.

À Saint-Brieuc, il reçoit et recevra. Des écrivains, dont la plupart conserveront un souvenir très fort des lieux... « *C'était une maison dont la magie celte s'installait aussitôt que l'on y séjournait. Louis avait d'ailleurs l'habitude d'inviter des conteurs bretons qui pratiquaient l'art du fantastique et savaient recenser les légendes...* » se souvient Jean Daniel qui y séjourna à plusieurs reprises, dont une fois avec Albert Camus et Elio Vittorini (2) ; mais aussi des réfugiés, ces « exclus » de l'avant-guerre, des militants, des amis et familiers. Plus tard dans les années sombres, ou celles qui les précédèrent, il aimera accueillir, le soir de préférence, ceux qu'il nomme affectueusement « ses robes », l'abbé Vallée, l'abbé Chéruel, le pasteur Crespin. Parfois se joignent à eux quelques militants communistes ou anarchistes, un « rouge » espagnol, un antifasciste allemand. On se réunit dans le salon, au rez-de-chaussée, près de la cheminée où l'hiver Louis – qui adore cela – allume un feu. On parle. Les autres surtout. Lui écoute, silencieux, en tirant des bouffées de sa pipe.

Voilà ce que fut une partie de la vie de cette maison, désormais vide, où je me trouve. Une partie seulement, un éclat parmi tant d'autres, mais le seul qui m'intéresse, puisque lié à l'écriture où s'élabore l'œuvre. Et si, évoquant les réunions du soir, j'ai anticipé sur les temps à venir, je l'ai fait volontairement afin d'atténuer quelque peu ma tristesse. Les demeures humaines, nous le savons bien, sont toujours plus importantes par ce qu'elles offrent – ou permettent de réaliser – que par leurs seules représentations extérieures.

Lorsque, retrouvant mon propre bureau j'écris ce que je viens de vivre, j'hésite, me dis que je pourrais, et devrais peut-être en rester là, me satisfaire de ce que je sais de cette maison de pierres. Mais dans la seconde, s'impose le souvenir que c'est à partir de celle-ci que le prodigieux talent de l'écrivain va ressusciter les autres, celles de bois et de torchis des quartiers populaires de Saint-Brieuc où son enfance, livre après livre, l'assigne. Et je reprends ma page, où je l'avais conclue, ouvre un nouveau chapitre.

Louis Guilloux ne possède rien, ou peu de chose, de ses vingt premières années. Quelques anciens voisins, de plus en plus rares, de plus en plus vieux, et des photographies. Pour le reste, sa mémoire, prodigieuse, régulièrement posée sur l'établi, visitée, travaillée, fait surgir, définitivement sauvés, les appartements de la vieille ville, greniers, soupentes, taudis dont, modernité oblige, on a entrepris la destruction. « *L'esprit d'une nouvelle époque soufflant son chemin dans les ruines, voulait assainir et rebâtir. Déjà il s'y essayait. Sur un lieu qui n'avait jamais servi qu'aux rondes des enfants, et aux feux de joie dans les soirées de la Saint-Jean, on construisit une grande maison, dont nous savions qu'elle serait une Caisse d'épargne* » Maisons, appartements, quartiers, mais aussi un esprit, une humanité ; l'homme est un humaniste, l'écrivain ne peut donc que l'être à son tour. Pour l'un et l'autre, rien ne peut se concevoir en l'absence de l'homme. Élément central de toute chose.

En 1935, *Le Sang noir* confirme Louis Guilloux comme l'un des grands écrivains français de ce siècle. D'emblée le livre rencontre un énorme succès, manque de peu le Prix Goncourt, reçoit les éloges de l'intelligentsia et de la critique littéraire. Certains critiques voient dans ce roman l'une des œuvres majeures du vingtième siècle, et l'écrivent. Si ce n'est pas tout à fait la gloire, c'est au moins la renommée, une célébrité que l'écrivain redoute. Consacré par ses pairs, Guilloux est demandé, sollicité, il travaille au journal *Ce soir* et à la radio, fréquente André et Clara Malraux, Gide, Aragon, Dabit, Nizan, Guéhenno. Comment vit-il cette période ? Le premier volume des *Carnets* pour une fois nous renseigne : dans la fièvre politique !

Louis Guilloux fut, ce n'est un secret pour personne, un homme de gauche. Sa conscience politique, ses engagements, sont ancrés dans cette famille philosophique en 1935, comme ils l'étaient quinze ans plus tôt, et le seront dans quarante. Nul besoin d'appartenir à une quelconque organisation – trop libre pour être inféodé à un parti – il « est né de gauche » comme il est « né Breton ». Marquée par les menaces de guerre et la montée des totalitarismes, l'époque est propice aux engagements. Peut-on dire que Guilloux « s'engage » ? Même si lui-même en doute, le fait est avéré. En

1933, alors qu'il travaille à la rédaction du *Sang noir*, on le sollicite de prendre la responsabilité du Secours Rouge des Côtes-du-Nord, il accepte et se consacre à l'accueil des premiers réfugiés politiques allemands et autrichiens, en attendant les espagnols qui ne tarderont pas. Mais en ce qui concerne un engagement littéraire, c'est une autre paire de manches. Comme il le confirmera en 1975, lors d'un entretien avec Yannick Pelletier : « *On s'engage dans la marine, on s'engage dans l'armée, on s'engage dans des trucs de ce genre ; mais la pensée, si je peux employer ce mot, est toujours dégagée, pas engagée. Il faut courir le risque de découvrir au bout d'une réflexion ou d'un travail le contraire de ce qu'on croyait... Si j'avais écrit des livres, disons politiques, j'aurais su d'avance ce que je voulais dire. C'est sans intérêt.* »

Deux villes, deux vies. Et des domiciles dont nous ne savons rien, sinon qu'il demeure alors à Paris rue Leverrier, sans doute dans l'une de ces nombreuses chambres de bonnes, demeures fugaces, campements du nomade qu'il est devenu. Difficile de le nier. L'esprit libre qu'il a tant revendiqué – pour ne pas dire libertaire – a fait de lui un homme seul. Volontairement seul, quel qu'en soit le prix à payer (3). En 1936, il participe, invité par Gide, au voyage des intellectuels français en U.R.S.S. Une douzaine de lignes des *Carnets* résument ce séjour, dont il ne parlera que partiellement,

MÉMOIRES
RÉVOLUTIONNAIRE

par bribes et beaucoup plus tard. Ce qu'il a vu et compris renforce son pessimisme et ses doutes à l'égard des systèmes politiques « *Je n'ai pas la tête très politique. je n'ai rien vu. C'était pourtant le temps des grands procès...* » Les contradictions du Front Populaire, les grèves, le coup d'État de Franco, la montée du fascisme, ajoutés à ce qu'il a compris de l'U.R.S.S. le laissent amer, comme nous le montrent ces notes, assez explicites sur son existence parisienne. « *17 juillet 1937... Tout continue à me paraître d'une grande vanité sensible.* » *... 17 août 1937... Atmosphère du journal pour moi intolérable. Sentiment profond que je m'égare... L'idée de rentrer à Saint-Brieuc se renforce. Je suis presque décidé...* »

Ce malaise n'est pas étranger au voyage d'U.R.S.S. et à la publication du *Retour de l'U.R.S.S.* de Gide. Déçu, sans doute l'est-il autant que l'auteur des *Nourritures terrestres* mais il se tait, non par discipline à un parti, mais par fidélité aux idéaux incarnés par la Révolution bolchevique. Aragon ne s'y trompe pas, et le presse de témoigner contre Gide. Il refuse et perd son travail à *Ce soir*, puis à la radio. C'est ainsi qu'il rentre en Bretagne, chez lui, à Saint-Brieuc, dans sa maison de la rue Lavoisier. Il écrit un peu, « paperasse » pour reprendre son expression, et consacre le plus clair de son temps aux 1 200 réfugiés espagnols que compte le département des Côtes-du-Nord (dont 300 pour la seule ville de Saint-Brieuc). Ballottés d'usines abandonnées en prisons désaffectées, ces réfugiés – qui seront, sur décision gouvernementale, refoulés vers la frontière quelques semaines plus tard – prennent une place importante dans les journées de l'écrivain devenu leur ambassadeur près des pouvoirs publics. Démarches, rendez-vous, réunions, collectes, distributions suivies de nouvelles démarches, dévorent son temps. C'est à peu près à cette époque que les soirées s'organisent chez lui, dans ce salon disparu, comme pour prolonger ce que fut la fraternité du jour, qui vit ecclésiastiques et responsables politiques « de gauche » travailler au coude-à-coude. Ils sont tous là, comme ils l'étaient les heures précédentes dans la lutte contre le malheur ; tous « *et aussi les copains communistes... Ils s'arrangeaient tous très bien, d'ailleurs. Ce sont de bons souvenirs, ça* » (4). Il n'écrit plus. Sinon ses *Carnets* où il consigne actions, doutes et angoisses. « *Je note désormais tout ce qui concerne notre activité auprès des réfugiés espagnols* ». Car, réfugiés pour réfugiés, à la première vague succèdent d'autres vagues, préfigurant le raz de marée qui, dès septembre 1939, déferlera de Belgique, de l'est et du nord de la France.

Impossibilité de s'astreindre à un travail suivi d'écriture ? Chaque matin pourtant il gagne son étage, s'assoit à son bureau, n'en redescend que tard dans la matinée. Que fait-il ? « *Je paperasse* » devient sa façon de dire que l'inspiration n'est pas au rendez-vous. *Le Jeu de patience*, ce nouveau roman auquel il pense de plus en plus, est sans doute trop lourd à tirer, réveille trop de souvenirs, de désillusions récentes pour donner à l'esprit la liberté dont la création se nourrit. « *vendredi 19 novembre 1937... Pas écrit une ligne depuis environ trois semaines* » ... *11 janvier 1938... Bien travaillé au Jeu de patience... 27 mai 1939... Je rêve d'une retraite réelle, d'une petite maison dans un village abandonné... Le travail ne va pas. J'en souffre. Inutile de chercher les causes de cet état auquel il n'est point de remèdes. Les plus grands doutes me viennent sur l'état de mon travail. Mes tas de papiers me paraissent à peine mériter le feu, trop beau pour eux...* »

L'organisation de ses journées nous est cette fois connue, rapportée par ses proches. Le matin, vers huit heures, il monte dans son bureau où il écrit, le plus souvent debout. Il ne faut alors le déranger sous aucun prétexte. « *Si je devais aller chercher un livre dans la bibliothèque, par exemple, je montais les escaliers le plus silencieusement possible, ouvrais délicatement la porte, allais chercher mon livre sur la pointe des pieds, et repartais, sans un mot. Il ne semblait pas me voir, absorbé par son travail.* » Difficile d'écouter Hélène Le Chevalier parler de l'écrivain plongé dans sa création, sans faire le rapprochement avec ce qu'il écrira d'elle, plus tard, dans *Le Jeu de patience*... « *Quelqu'un montait doucement l'escalier. On frappa et la porte de mon bureau s'entrouvrit : Monique.* (en réalité Hélène) *Par exemple ! Moi qui la croyais si loin... Petite et maigre, très brune, ses larges yeux bleus se forçant un peu au sourire sous un grand front silencieux et hâlé de paysanne...* » Digression qui illustre mieux qu'un long discours le travail de l'imaginaire chez un romancier.

Entre midi et midi et demie, Guilloux interrompt son écriture pour déjeuner. Ensuite il lit courrier et journaux, se promène, reçoit, rend visite, joue aux échecs. Ceci bien entendu en temps ordinaire, lorsque ni livre, article, ou réfugiés n'attendent. Parfois, il retourne à son bureau dont il ne redescend que le soir. Très souvent, il aide à faire la vaisselle « *l'essuie en chantant, ou faisant le clown* » (5). Ce qu'il aime par dessus tout c'est allumer et entretenir le feu dans la cheminée du salon.

Le bureau occupe l'intégralité du second étage. C'est une pièce mansardée rendue très lumineuse – que je n'hésiterai pas à qualifier d'éclairée et éclairante – par la présence de deux grandes fenêtres ouvertes sur chaque côté du toit... *Le soleil montait, emplissait la pièce* – le bureau – *d'une fine lumière. On aurait dit que le plancher se couvrait de blé mûr.* Rectangulaire, coupée dans le fond par une sorte de réduit de rangement qui, pendant l'occupation, servira de chambre. Son bureau est placé face à la porte d'entrée. Un lit de repos, une petite table, un fauteuil, des chaises, et des rayonnages de livres – montés plus tard – composent son mobilier. Sur le mur du fond, au-dessus du lit, une ancienne carte d'Europe. Sur les autres murs, des photographies des siens, grand-mère, mère, sœurs, amis, Guéhenno, Malraux, Camus. Dessins, tableaux, objets divers, et un curieux daguerréotype de Tchekhov décrivent son univers. C'est là que sont nées ou seront conçues les œuvres de la maturité. Aujourd'hui, je ne saurais dire ce qui a été ordonné autour du souvenir de l'écrivain. Le bureau, lui-même avec son lot de pipes et son paquet de tabac gris, me semble presque trop beau. Et pourtant je sais qu'un jour ou l'autre au cours de ce demi-siècle, ne serait-ce qu'une heure, il en fut ainsi. Alors ? Alors, aujourd'hui comme les fois précédentes, je reste un peu interdit, privé de mouvement dans cette pièce que Pierre Moinot qualifie avec justesse de « sorte de poste de commandement de bateau, dominant tous les horizons » (6) où j'aurais dû venir, plus tôt, beaucoup plus tôt, au temps où Guilloux lui-même m'eût ouvert la porte. Il m'aurait alors reçu et écouté, avant de répondre avec cet air qu'il prenait parfois, portant la tête vers l'arrière pour mieux fixer son interlocuteur.

Répondu à quoi ? Aux questions que je me pose aujourd'hui, mais qui, à l'époque, n'étaient peut-être pas vraiment des questions. Tout au moins, pas celles qui m'habitaient alors. Longue station devant la fenêtre donnant sur la rue. On y découvre le moutonnement de la vallée du Gouëdic, le cimetière Saint-Michel – devenu Saint-Yves dans *Le Jeu de patience* – les deux tours massives de l'église Saint-Michel, Bœufgorod du *Sang noir*... « *Si l'on avait pu rêver que les bœufs aient jamais vécu en société à l'image des hommes, et qu'eût germé, dans leur cervelle de bœufs, l'idée de construire une église à leur image de bœufs, cette bâtisse opaque eût fourni un merveilleux exemple d'architecture bovine...* »

Matrice, forge, creuset, réserve dans laquelle il puise inlassablement son inspiration, la ville est parfois aussi mise à rude épreuve. L'amour romantique ne peut se concevoir sans une pincée de haine.

Regards courants sur les dos de livres, certains brûlés, jaunis, par le soleil. Romain Rolland, Goethe, Cervantes, Hugo, un ouvrage d'art sur Vézelay, des journaux, le numéro de l'Express annonçant la mort d'Albert Camus. Camus qui vint tant de fois ici... ses pas dans l'escalier, court arrêt goguenard devant l'affiche, sur le mur près de la porte, montrant un soldat de l'An II veillant aux frontières « Ici commence le pays de la Liberté » la porte qui s'ouvre... Albert !... Louis !...

Je traîne, prolonge le temps sans idée précise, ni autre désir que de me trouver là. De l'autre fenêtre, d'où, disait-il, il apercevait la mer, je découvre un lot de jardins, dont le sien réduit à presque rien par la présence d'un énorme cerisier. Grattements, bruits de griffes animales sur le bois ; seraient-ce les fantômes de Moussoussou, la chatte au pelage noir et blanc ? De Tcitchibaba, sa fille ? Ou de Mamadou, le matou cherchant à pousser la porte comme ils le firent tant de fois ? Des oiseaux, tout simplement courant sur le rebord du toit.

La jeune femme qui m'accompagne connaît bien l'œuvre du maître des lieux. « C'est la moindre des choses, quand on a la chance de posséder un tel écrivain dans sa ville. » Quiproquo, j'ai compris *dans sa vie* – Oh, vous savez, c'est un peu pareil – Louis Guilloux aurait, j'en suis sûr, beaucoup apprécié cette scène.

Bruits métalliques des verrous qui se ferment. La maison est désormais propriété municipale. On y organise des stages d'écriture, des rencontres littéraires. L'actuel rez-de-chaussée a été transformé pour cette fonction. Le premier étage, lui aussi remanié de fond en comble, est destiné à servir de résidence à des écrivains. Je n'en ai jamais vu. Mais il en viendra certainement un, tôt ou tard. Un de plus, devais-je dire, tant furent nombreux ceux qui vinrent ici, pour une heure, un jour, des jours... Inutile de chercher à dresser une liste, celle-ci est impossible. Des noms seulement, égrenés au hasard des *Carnets* de la mémoire des témoins... Le trop oublié Eugène Dabit, auteur de *L'Hôtel du nord* et de *Petit Louis*, qui sera du voyage en U.R.S.S., et mourra de la scarlatine à Sébastopol. Malraux, seul ou en couple. « *Le Malraux d'avant la guerre d'Espagne, gai et amical, venant passer huit jours à Saint-Brieuc, poussant le landau de Florence* » (7). Ehrenbourg, en août 1935. Max Jacob, une semaine en juillet 1939.

Ceux-là sont certifiés, consignés par écrit, mais il dut y en avoir d'autres. Beaucoup d'autres, dont je ne peux que supposer la venue. Bien sûr, quels qu'ils soient tous évoquent la situation politique, le chômage, les menaces de guerre, mais parlent aussi de littérature, d'écriture, de projets. Ils doivent bien citer des noms, évoquer les absents, parler de cette incontournable N.R.F. Peut-être même ont-ils lu quelques feuillets d'une œuvre en cours ? Mais nous n'en savons rien ! Ici j'invente, j'extrapole, pour le seul plaisir d'imaginer. Max Jacob, par exemple, debout devant cette fenêtre, songeur et malicieux, comme certaines photos nous le montrent. Max Jacob dont Yvonne, âgée de sept ans, est tombée amoureuse.

Le plus souvent et quel que soit le temps, Louis Guilloux entraîne ses invités dans une visite de la ville. Simple plaisir de faire découvrir le cœur historique de Saint-Brieuc, ou offrande d'un peu de lui-même ? Car il n'est pas vrai de dire que Louis Guilloux demeure au 13 rue Lavoisier. En apparence, peut-être, pour l'administration des postes et quelques habitués, mais pour le reste du monde, pour ses centaines de milliers de lecteurs, dont certains le découvrent en d'autres langues, son vrai domicile est ici ; dans les vieux quartiers de la cathédrale.

Problème de taille que je ne puis éluder : Guilloux fut-il amoureux de sa ville ? Pour moi, certainement. Mais de quel amour ? Une relation passionnée – pas forcément des plus simples – faite de rognes et d'incompréhensions partagées. Un amour romantique qui ne s'épanouit vraiment que dans l'absence, la séparation, la distance. Et quels regards portent sur l'écrivain la ville et ses habitants ? Pour que cette question soit complète, sans doute serait-il utile de préciser « à quelle époque ». Car entre l'avant-guerre et les années soixante, il semble que, célébrité aidant, les choses se soient un peu arrangées. Schématiquement il y a ceux qui l'aiment, ceux qui ne l'aiment pas, et ceux qui l'ignorent. Les premiers se rencontrent le plus souvent dans les milieux intellectuels bretons et briochins « de gauche ». Ceux-là lui sont favorables, mais la réciproque est plus hasardeuse. Surtout vis-à-vis des représentants de l'Éducation Nationale, auxquels l'écrivain reprocha toujours de défendre et d'incarner les intérêts de la bourgeoisie. Est-il besoin de préciser que la droite la plus radicale, incarnée le plus souvent par les mouvements autonomistes, ne l'aime pas, et parfois le hait ? À l'instar des jeunes filles des écoles chrétiennes, aux yeux desquelles il incarne le diable, et qui, lorsqu'elles le rencontrent, changent ostensiblement de trottoir. Combien cela représente-t-il de personnes ? Aucune idée. Sans doute assez peu, en rapport de ceux qui ignorent son existence. Parmi ceux-ci, combien d'ouvriers, d'artisans, de prolétaires, si présents dans son œuvre, si rares rue Lavoisier ? Les années d'après-guerre gommeront la plupart de ces excès, je le répète et la chose est certaine. De là à dire que l'écrivain n'en garda pas quelques humeurs...

À ceux qui me feraient grief, m'accusant de noircir le tableau, je rappellerai simplement que le temps n'est pas éloigné où, le voyant vêtu à la va-comme-je-te-pousse, d'un manteau sans âge, et chaussé de brodequins, certains de ses concitoyens le gratifiaient d'un « pauvre Guilloux », peut-être discret, mais dont il n'était pas dupe.

Cela dit, même si leurs rapports furent parfois tendus, ponctués de quelques « Saint-Brieuc-les-choux » de « Bœufgorod » ou « Cloportgorod » il n'en demeure pas moins qu'il choisit d'y demeurer, et que c'est de cette ville qu'il puisa la part la plus importante de son inspiration. Il aima Saint-Brieuc et n'eut, me semble-t-il, de sensibilité égaleque pour sa terre de naissance, la Bretagne : « *Pour moi, Breton, la Bretagne est le plus beau pays du monde...* » *(La Bretagne que j'aime)* envers laquelle il se sentit redevable d'une façon d'être, puisée aux valeurs libertaires du vieux pays. « ... *Votre propre pays vous construit, on apprend à le reconnaître dans un échange de l'âme, et l'on découvre qu'il vous va bien comme un autre manteau fait pour vous, vous pour lui. Ainsi en a-t-il été pour moi dès les premières années, où devenant un grand garçon, je pouvais librement parcourir les rues de ma ville où tout m'était si vite devenu familier, chaque détour.. Ce n'était encore qu'une ville de vingt-cinq mille âmes, une assez grande ville quand même mais qui avait des allures de gros bourg...» (Ibidem)*

On vint donc le visiter de loin. De très loin même. Cela ne suffit pas pour parler de pèlerinage, comme il en est vers certains auteurs, et je me garderai d'évoquer ici un quelconque Contadour breton. L'affaire est entendue, mais l'hôte fut *célèbre* et reçut en conséquence. Au rez-de-chaussée le plus souvent. Dans son bureau pour les intimes. Ces visites, celles des écrivains surtout, furent suivies parfois de doute, de « trou noir » et remises en cause... *« Je rêve d'un métier. Je voudrais être artisan, travailler de mes mains, faire des choses qui me contraindraient à une discipline des heures... Je me voudrais dans un atelier... » (Carnets)*

Le 18 juin 1940, l'armée allemande occupe Saint-Brieuc. Rapidement la petite chambre du rez-de-chaussée qui possède une ouverture indépendante, est réquisitionnée, occupée par un sous-officier. Cette fois les dés sont jetés, la valise qu'il garde toujours prête pour le prochain départ, vidée. Il s'installe à Saint-Brieuc, où Renée vient d'être affectée au lycée Le Braz.

Quatre années d'attente et d'écriture, de retours sur soi, de déambulations dans les quartiers de son enfance, ou ce qu'il en reste. Le temps lui semble long, très long, entre deux aller-retour à Paris, il travaille au *Pain des rêves* qu'il achève le 8 mars 1941. Récit ou roman ? Récit, plus que roman ; celui d'une enfance miséreuse. La famille, très présente dans la première partie de l'ouvrage, dominée par le personnage du grand-père qui n'est pas sans rappeler le père de la *Maison*, remplacerait-elle les membres de la section socialiste ? Je n'en serais pas autrement surpris. En fait si notre lecture nous ramène immédiatement à *La Maison du peuple* elle ne fait qu'anticiper *Le Jeu de patience* pour lequel certains personnages sont déjà en place.

« *Que pouvait-on faire d'autre en 1941 qu'un livre de pauvreté toute nue, un retour aux souvenirs d'enfance ?* » s'interrogera plus tard Louis Guilloux. Effectivement !

En juin, Jean Guéhenno vient passer quarante-huit heures chez lui. Paris lui manque-t-il ? Rien ne le laisse supposer.

En 1942, *Le Pain des rêves* reçoit le Prix Populiste. Cela ne suffit pas à embellir cette année noire, marquée par la mort du père. Cet autre Louis Guilloux, le cordonnier, figure emblématique de l'œuvre, avec lequel il entretint des rapports compliqués. De certains témoignages recueillis, il semble que les deux hommes ne se parlaient guère. Cette situation serait due au père, de nature taciturne et peut-être à jamais déçu de voir son fils écrivain, « artiste », un peu traître à sa condition sociale. Les rouages régissant les équilibres familiaux sont toujours suffisamment complexes pour se passer de toutes suppositions. Que les deux hommes aient eu des rapports difficiles ne semble faire aucun doute, il n'empêche que c'est bien ce père qui ouvre l'œuvre, et dans un certain sens la fermera dans *L'herbe d'oubli.* Ce qui est également certain, c'est que l'écrivain vit très mal cette disparition. En fait, ce séjour de quatre années au milieu des siens, parents et amis, va lui apporter l'approfondissement et la réflexion dont Paris et les années d'avant-guerre se sont peut-être montrées trop avares. Volontairement consigné à demeure, il regarde vivre sa cité et ses habitants, prend des notes, travaille à agencer la trame sur laquelle va se tisser l'un des plus importants romans de l'après-guerre : *Le Jeu de patience.*

Contre vingt difficultés liées à la guerre et à l'occupation, Guilloux s'acharne à maintenir ses journées de travail identiques à ce qu'elles étaient en temps de paix. Écriture de huit heures à midi, l'après-midi parfois il se repose sur le lit du bureau, ou sort faire un tour dans la ville. Le soir il reçoit autant que l'heure du couvre-feu le permette (8). Il aime ces rencontres, qui ne sont pas sans lui rappeler celles auxquelles enfant il assistait dans l'échoppe de son père. Moments sacrés de tolérance et de respect des autres, dans une époque qui s'en montre si dépourvue. La maison de la rue Lavoisier n'est-elle pas devenue, de son propre aveu, *la maison du consensus* ? Mais force est de constater que le cercle des présents se réduit très vite, dévorés par l'histoire qui déjà tend d'autres pièges.

Louis Guilloux est un écrivain du souvenir, donc de la mémoire. Son œuvre le prouve suffisamment sans qu'il soit nécessaire de recourir à des exemples. Écrivain de la mémoire, et du temps ! Si l'action du *Sang noir* recouvre vingt-quatre heures d'une ville de province – Saint-Brieuc – pendant la première Guerre Mondiale, en 1917 très exactement – *Le Jeu de Patience* va embrasser cinquante années de la même cité. La formidable construction de ce roman de près de neuf cents pages, où actions anciennes, récentes, présentes et pratiquement futures, se mêlent constamment dans une fresque bouillonnante d'événements dictés par le siècle. – construction qui n'est d'ailleurs pas sans rappeler une valse à trois temps dont la cadence reposerait sur hier, aujourd'hui, demain – Ce projet n'est pas nouveau chez Guilloux qui l'a un peu délaissé tout en y travaillant de temps en temps. De loin, du bout des doigts. C'est la guerre et cette immobilité contrainte qui vont le remettre à l'œuvre. C'est aussi, et surtout Saint-Brieuc, sa ville, celle du roman, et sa maison... Eh oui, même

ROMAIN ROLLAND
JOURNAL

s'il ne la nomme pas vraiment, il en dit assez pour que l'on puisse, pour peu qu'on la connaisse, l'identifier... Enfin ! ... « *J'étais assis devant ma table chargée de mon habituel fatras de papiers — mais ce jour-là, en plus du fatras : un échiquier et un journal ouvert... C'était il y a quatre ans, le matin du 25 février 1943, soit trente et un ans jour pour jours après certains événements dont j'aurais voulu quelque part faire le récit. Mais...* » Le roman commence comme le compte rendu d'un travail à accomplir, en fait, derrière la construction envisagée, ce sont bien les personnages présents et à venir qui tirent les ficelles. « *Les pages qui précèdent font pour moi la preuve que le choix n'est jamais en rien tout à fait libre, car à bien dire la vérité, ce n'est pas ainsi que je comptais entreprendre mon affaire...* » Quoi qu'il en soit l'œuvre s'engage, romanesque, ai-je dit. Jusqu'où ?... « *Oui ou non fallait-il flanquer mes paperasses au feu ? Je regrettais de n'avoir pas tout brûlé en 40 ! Tandis que les Boches faisaient irruption dans la ville, j'avais jeté des brassées de papiers au feu...* » Parmi ceux-ci se trouvaient, selon l'auteur, des chapitres de sa Chronique, des livres... « *Un coup de vent traversant les fenêtres ouvertes avait achevé de mettre la confusion dans ce qui restait de paperasses, et, furieux, j'avais tout fermé, et verrouillé ma porte : je ne remonterais plus jamais là-haut...* »

Sommes-nous toujours dans un roman, ou dans les *Carnets* ? Ce là-haut, dont il est question ici, existe bien et nous le connaissons puisque c'est le bureau de l'écrivain, cette « pièce ouverte de tous côtés sur terre et ciel » (9). Ce refuge, au sens le plus vrai du terme, qui prolonge la maison, la tire tout entière vers le haut. Demeure aujourd'hui désincarnée il est vrai, mais qui devait alors bruire, fourmiller de vie, et d'habitudes. Mais le roman a ses exigences et, dans le cas présent, la vie domestique n'y tient aucun rôle. Enfin, presque, à la manière des ombres chinoises, des théâtres d'ombres et de marionnettes dont raffole Guilloux. Et dont il se souviendra dans ce *Jeu de patience* pour lequel, en habile metteur en scène, l'écrivain la fera paraître juste ce qu'il faut, pour que nous la sachions partie prenante de l'action, sans jamais occuper le devant de la scène. Comme ces témoins muets qui finissent toujours par se confondre avec le décor sur lequel ils s'appuient. Toujours est-il que, dans cette quête où je reviens sans cesse sur mes propres pas, dans ces impasses cernées de fausses-portes où je m'engouffre, j'ai quand même envie de crier TERRE ! Comme le fit, dit-on, la vigie de Colomb au large de Guahahani.

La maison de pierres ! Enfin ! Comme une fin de voyage ! À moins qu'elle ne soit à elle seule un continent. Ce qu'elle ne peut effectivement manquer d'être, peuplée de tant d'hommes et de femmes qui nous ressemblent, les personnages de l'écrivain, immortalisés par leur présence en ces murs. Reste à explorer de nouveau l'espace de ce bureau, décrypter les silences de son propriétaire, lire entre les lignes, et de la fenêtre où se tint Max Jacob, contempler les toits de la ville... Maison...

Maisons... Celle-ci n'efface pas les autres, les primordiales, la caverne cent fois revisitée, mais les protège en les enchâssant. Règne du faire-valoir par le non-dit, si, à l'image des poupées russes, un objet peut en cacher un autre, pourquoi une maison ne le ferait-elle pas ? Le souvenir a-t-il besoin de preuves pour traverser le temps ? Ou le revisiter ? La question n'est ni naïve, ni récente. Elle appartient à ces vieilles inquiétudes de l'humanité, que pour faire bref nous nommons problèmes philosophiques. L'un de ceux, toujours remis sur l'établi, dans lesquels depuis que le monde est monde, les hommes s'épuisent en suppositions et réponses aléatoires, ou divergentes. « Si je ne témoigne pas, qui se souviendra de moi ? Et comment ? » Sous-entendu, le passé évoqué me fait présent dans l'avenir. Nous sommes bien ici au cœur de ce qui nous intéresse : les demeures de Louis Guilloux, l'une protégeant l'autre, et la faisant revivre par le jeu de la mémoire. L'exemple du *Pain des rêves* est sur ce point tout à fait signifiant. D'entrée le narrateur se souvient de son enfance passée dans le quartier pauvre d'une ville de province, une « *bâtisse ruineuse venue du fond des âges* » à peine plus viable que ces taudis où « *tant et tant de gens depuis tant d'années avaient si mal vécu, où tant de beaux enfants étaient morts, d'où pouvait s'envoler à tout moment la peste* » Inutile de rappeler qu'auteur et narrateur sont une même personne, que la ville concernée n'est autre que Saint-Brieuc, et le quartier celui de la cathédrale. La bâtisse dont il s'agit n'est qu'un des nombreux domiciles briochins de la famille Guilloux. Que ces souvenirs renaissent en 1941, au plus noir de l'occupation, n'a, à vrai dire rien de surprenant. Le romancier les porte depuis si longtemps, qu'il fallait bien en faire un jour l'inventaire. Le jour, l'année sont venus, portés, escortés par un constat : il n'est pas d'épreuve qui, dans le temps, n'apparaisse comme un exorcisme au malheur ! Que cette résurrection d'un passé de trente ans ait lieu dans la maison de la rue Lavoisier ne doit pas nous étonner non plus. L'époque, comme je viens de le dire, prête à ce pathétique retour sur soi. Mais il y a aussi Saint-Brieuc, la ville, dont les *Carnets* nous disent que l'écrivain passe de longs moments à la contempler – l'apprivoiser ? – de sa fenêtre. Comment le souvenir du quartier de la cathédrale ne s'imposerait-il pas alors ? D'autant que la lecture des journaux se charge parfois de le lui rappeler sous des formes moins amènes. *17 janvier 1941... Le « repoussoir » – autre façon de parler de la « verrue », c'est-à-dire du bas quartier de la rue du Tonneau et de la place de la Grille – Je trouve cette merveille ce matin, dans l'Ouest-Eclair – (Carnets)*. Deux ans plus tard, il assiste, atterré à la disparition de la maison aux mansardes. *août 1943... Appris qu'on a commencé à démolir la vieille maison de la place du Théâtre qui était la nôtre depuis 1912 (10) et où mon père est mort. Cette nouvelle me cause un grand chagrin. On a commencé cet après-midi par les mansardes (où j'avais ma chambre) L'échoppe de mon père aussi va disparaître... Journée sérieuse, dure. Je me couche las et inquiet. Été voir la vieille maison qu'on est en train de démolir. Le toit est déjà sans ardoises, comme écorché. Je ne suis pas resté une minute... (Carnets)*

Non ! Le mot chagrin n'a rien d'exagéré ici, et Guilloux a raison de l'employer, pour dire combien il se sent malheureux devant l'injustice qui lui est faite. Car c'est bien de cela qu'il s'agit. On ne démolit pas une maison : on raye une enfance, la sienne sous prétexte d'assainir la ville ! Pour lui ce château-branlant, royaume incontesté des « *puces, punaises et poux* » représente bien plus que sa réalité de logis douteux dans un quartier douteux, mais témoigne d'une humanité à laquelle il appartient. Le deuil de ces maisons – et de celle-ci en particulier – consacre la disparition d'une population aussi pauvre que marginale. SA famille. Difficile, sinon impossible, d'approcher Louis Guilloux si l'on refuse cette réalité. La Bretagne et Saint-Brieuc ont beaucoup compté dans la formation de l'écrivain, la cause est entendue. Mais, ces demeures « ruineuses » qui – oh ! symbole – succombent à la pioche des démolisseurs alors que des villes disparaissent sous les bombes ? Non ! le mot chagrin n'a rien de déplacé et je le remercie même de l'avoir employé à si bon escient ! D'autant que les *Carnets* où l'écrivain consigne le quotidien témoignent mieux que quiconque du drame qui se joue.

11 septembre... *Je suis encore une fois retourné voir la vieille maison. Les mansardes ont complètement disparu. Image d'un bateau en train de disparaître sous la mer... Qu'on démolisse la maison, c'était la hantise de mon père...* 16 septembre... *La vieille maison sera bientôt complètement rasée, ce n'est plus qu'une question de jours. Depuis que je suis revenu en ville, je suis passé par là tous les jours, encore hier soir, à la nuit presque tombée... Ainsi auront disparu toutes les maisons de mon enfance – à commencer par la très vieille maison de la place de la Grille. Depuis des années j'ai remué ciel et terre pour retrouver une photographie de cette vieille maison-là ; en vain...* 30 septembre.

Cette nuit, je rêvais que la vieille maison était reconstruite. On l'avait mise debout à la hâte. Plus tard on la détruirait encore, mais, pour le moment, il avait été nécessaire qu'on la reconstruisît... Tout était comme avant, sauf le toit, bâclé à la diable et fait d'énormes poutres et d'ardoises... Et je montais encore une fois par l'escalier de bois, je touchais encore une fois de ma main ces vieux murs, j'entrais dans la pièce où mon père est mort...

... *Cet après-midi, je suis encore passé devant la vieille maison. Il n'en restera bientôt plus rien...* 6 octobre... *Journée marquée par la démolition de l'échoppe de mon père. Là où il a travaillé pendant plus de trente ans c'est désormais le vide banal, et bientôt le pavé...* Dimanche. *Cette fois la place où était la vieille maison est nette, bientôt elle sera livrée « au public » Chacun pourra porter ses pas sur ces lieux qui n'étaient qu'à moi...* 18 novembre... *Un ouvrier qui doit remonter dans le jardin l'échoppe de mon père a commencé cet après-midi.*

La disparition de la « vieille » maison ne doit pas occulter le drame qui s'est passé dans l'autre, la « jeune », le vendredi 19 mars 1943. Ce jour-là, Hélène Le Jeune – future Le Chevalier – est arrêtée pour faits de résistance, chez ses parents à Kergrist-Moëlou. Hélène est amie des Guilloux chez qui elle possède une chambre.

Leurs relations datent de 1939. Reçue au concours d'entrée à l'École Normale, la jeune fille est refusée pour raison de santé. Les Guilloux s'indignent, démarchent contre l'injustice, et déboutés, la prennent chez eux, afin qu'elle prépare son baccalauréat. Renée lui enseigne le français et Louis l'anglais. Ils se lient d'une profonde amitié. Deux ans plus tard, militante communiste, Hélène appartient à un réseau F.T.P. Les Guilloux le savent (11). La police française aussi...

Carnets. 19 mars 1943... Hélène arrêtée. Chez moi, perquisition. Ensuite au commissariat. Interrogatoire. Vu Hélène. Avec Léo et ses fils, lui avons porté des couvertures et de quoi manger. » La scène fut, comme on s'en doute, beaucoup plus violente que ce qu'en laissent paraître ces lignes écrites le jour-même, et semble plus plausible telle qu'elle apparaît dans *Le Jeu de patience.*

« Trois messieurs devant ma porte.

L'un des trois était l'inspecteur Glémot, un autre : l'homme au nez cassé. Le troisième, un tout jeune freluquet, à ce qu'il me sembla...

Il était trois heures de l'après-midi.

... Voilà la porte ouverte. Les trois messieurs barrent l'entrée. L'homme au nez cassé fait la moue. Et l'inspecteur Glémot, une serviette sous le bras, s'appuyant d'une main sur une canne, le bord de son chapeau mou rabattu sur sa gueule de vieux chat, me demande de sa voix grippée :

« Vous vous attendiez à notre visite ? »

Il se foutait de moi. Sa visite ? Non. Pourquoi ? Pas de raison. Moi ?

— Vous voulez voir notre mandat ? me dit l'homme au nez cassé, en portant la main à la poche intérieure de son pardessus.

Quel mandat ? Mandat de perquisition ? Pas la peine...

« Conduisez-nous à votre bureau » dit l'inspecteur Glémot.

Le freluquet ne disait rien, mais il avait l'air de se marrer intérieurement. Dans quel bordel avaient-ils ramassé cette sale petite gueule de maquereau ?

« Montons »

Alors, c'est vrai ? Je n'y croyais pas encore tout à fait. C'est le bruit de leurs pieds sur les marches qui...

« Tout en haut ? »

J'ai répondu : Tout en haut.

Je fermais la marche. Arrivés tout en haut, ils se sont effacés pour me laisser passer et leur ouvrir la porte.

Je les ai malgré moi frôlés en passant, c'était dégueulasse, surtout le petit freluquet. Du calme. Ils ne sont pas si malins que ça. Et d'abord, savoir ce qu'ils veulent, au juste ?

Ils ne sont pas venus là pour admirer la vue ? On pourrait cependant le croire.

« Quelle belle vue ! »

– Tiens ! On voit la mer...

– Ah ben alors, vous, vous dominez la situation !

– Quelle belle pièce !

– En voilà des papiers !... »

Que venaient-ils faire en somme ? Ils n'avaient pas l'air de le savoir. Et moi-même, qu'est-ce que je faisais là ? J'aurais peut-être pu m'en aller ?

– Est-ce que ma présence est nécessaire ?

– Absolument.

Bon. Mais alors qu'est-ce qui se passe ? C'est Monique (Hélène) qu'ils ont arrêtée ? Je me doute bien que c'est Monique. L'inspecteur Glémot s'était assis dans un fauteuil. Le freluquet regardait les titres des livres. Il avait sorti de sa poche un petit carnet et il prenait des notes.

Et j'ai compris que ça commençait. Surtout par la manière dont l'homme au nez cassé m'a regardé – Il était debout devant le meuble où je serre ma correspondance, mon journal, divers papiers, dont il tenait à la main une liasse.

– Vous étiez au courant de l'activité de mademoiselle Monique ?

Voilà : ils ont arrêté Monique. Les fumiers ! Je m'en doutais... »

Suit l'interrogatoire de l'écrivain, qu'il serait trop long de rapporter ici. L'arrestation préventive de Renée, qu'il ignore jusqu'au soir où, relâché, il rentre chez lui pour découvrir la maison pillée, son bureau ravagé, sans dessus-dessous, papiers dispersés, livres et journaux volés. Est-ce ce jour, ou le lendemain, que les sbires en mal de preuves arrachèrent les lames du parquet de la chambre précédemment occupée par Hélène ? Il ne le dit pas. Mais comment ne pas penser, en gravissant l'escalier qui conduit au bureau, à ces pas de plomb qui, un jour de mars 1943...

En novembre de la même année, le pasteur Crespin – pasteur Briand du *Jeu de patience* – est arrêté et déporté à Dora, où il mourra en mars 1944. L'odyssée de madame Crespin pour retrouver son mari entre les gares de Rennes et

Compiègne prendra place dans *Le Jeu de patience.* Le pasteur est un ami très cher à Guilloux. Quelqu'un avec qui il aime s'entretenir, avec qui il a milité pour les réfugiés, l'une de ses « robes ». Une autre suit, avec l'abbé Vallée – abbé Clair du *Jeu* – mort à Mauthausen en 1945. « ... *Nos réunions étaient fréquentes* (avec ces deux hommes auxquels se joignait souvent l'abbé Chéruel) *et toujours amicales. Elles se prolongeaient quelquefois fort tard, pour le plaisir de nous retrouver ensemble. Il arrivait même que l'abbé n'ayant pas grand désir de rentrer dans son presbytère acceptât le lit que je lui proposais pour la nuit...* » *(Absent de Paris)*

Le débarquement et la libération qui suit ne réduisent en rien sa peine. C'est donc un homme meurtri par la disparition de proches qui accueille les alliés. Enrôlé dans l'armée américaine, Louis Guilloux revêt l'uniforme d'interprète, de la fin août à la mi-octobre 1944. À son retour, victime d'une nouvelle attaque tuberculeuse, il apprend les décès, en camps, de ses amis Crespin et Vallée. Plus tard il se remet à l'écriture du *Jeu de patience* qui ne sera achevé qu'en 1948.

Ce roman lui donne du fil à retordre, et cela n'a rien d'étonnant compte tenu de la complexité de sa construction. – juillet 46 – *Je me suis remis difficilement au Jeu de patience...* – mars 1948 – *Quand j'en aurai fini avec le Jeu de patience, je voudrais voyager un peu, retourner en Italie...* Il écrit donc. S'ennuie peut-être. Attend sûrement ses amis. Camus, qui ne vient pas, Jean Grenier et les Gallimard qui ne font que passer. Clara Malraux qui séjourne chez lui à plusieurs reprises. En fait c'est Paris qu'il attend, et lorsque celui-ci néglige trop longtemps Saint-Brieuc, Guilloux prend le chemin de la gare. Le chemin des gares, devrais-je dire, en ajoutant ceux des ports et aéroports, tant l'auteur du *Sang noir* voyage dans cet après-guerre. L'Europe, et l'Algérie, où il retrouve Camus, l'Égypte et Paris, comme un leitmotiv. 16 octobre 1949. « *Depuis que je suis rentré de Venise — à travers la pénitence de la Suisse — j'ai fait deux séjours à Paris, et je vais sans doute y retourner bientôt. À Paris tout est plus facile. Mais c'est aussi une grande duperie.* » *(Carnets)* (...) Une duperie à laquelle participent aussi Malraux, Camus qu'il rencontre le plus souvent possible, parfois chaque jour, Grenier également, pour ne retenir que les noms les plus cités, parmi des dizaines d'autres recensés dans les *Carnets.* Ceci explique cela. D'un côté les artifices flamboyants, de l'autre le temps suspendu de la réalité provinciale, avec, à mi-chemin, un homme de cinquante ans dont *Le Jeu de patience* vient de recevoir le Prix Théophraste Renaudot.

Et les maisons, dont cet ouvrage est censé ouvrir les portes ? Les siennes ? Nous n'en saurons rien, ou pas grand chose, ce qu'il voudra nous en dire de façon romancée, détournée, Guilloux est romancier

donc contrebandier de la parole. La vérité ne devient vérité que dans la mesure où il pense qu'elle l'est réellement, et nous le fait croire. Tous les écrivains procèdent ainsi depuis le premier jour – et les peintres donc ! – c'est une affaire entendue et tout ce qu'il y a d'admis puisque nous en redemandons. Et puis, des maisons, il y en a d'autres, celles qu'il voit de son bureau par exemple, dont il parle avec tant d'affection. Cela ne suffit-il pas à combler notre attente des siennes ? *« J'aime les maisons, mais les maisons – même si elles n'ont pas un grand style – pourvu qu'elles soient humaines... » (Carnets)*

(1) En fait, comme très souvent à l'époque, l'escalier fut construit à l'extérieur de la maison, et « ramené » à l'intérieur par la suite ; d'où l'exiguïté de celui-ci. (Entretiens avec Yvonne Guilloux, août 1996).
(2) Lettre de Jean Daniel à l'auteur, juin 1996.
(3) Ce qu'il résumera beaucoup plus tard, de la façon suivante à Pierre Moinot venu le visiter rue du Dragon à Paris : « Je n'ai jamais pu supporter de détenir une autorité, ni de la subir, de quiconque... Je suis un homme libre. Mais je le paie cher », *Bulletin de la Société des Amis de Louis Guilloux*, mai 1995.
(4) Entretien avec Yannick Pelletier. NdA.
(5) Entretien avec Hélène Le Chevalier, juin 1996. NdA.
(6) Pierre Moinot *Tous comptes faits*, Éditions Quai Voltaire, 1993.
(7) Entretien de Louis Guilloux et Pierre Moinot, *Bulletin de la Société des Amis de Louis Guilloux*, mai 1995.

(8) « Je me souviens d'avoir vu beaucoup de monde à la maison : des collègues de Renée bien sûr, mais Louis accueillait très chaleureusement les pauvres gens, misérables, sans logis et interrompait volontiers son travail pour parler avec eux, les secourir... Venaient aussi des réfugiés espagnols, mais beaucoup ont disparu très vite, arrêtés certainement, des abbés, le pasteur, Pierre Petit, Christian Le Guern, monsieur Quaénec dont la femme mourut en déportation, des cheminots, des syndicalistes, membres du Secours Rouge International, des hommes engagés donc, surveillés par la police. » Témoignage d'Hélène Le Chevalier, *Bulletin des Amis de Louis Guilloux*, novembre 1994.

(9) Pierre Moinot, *Bulletin de la Société des Amis de Louis Guilloux*, mai 1995.

(10) Celle dont parle Jean Grenier dans *Les Grèves*. NdA.

(11) Ou tout au moins le présument, Louis ayant toujours refusé d'être informé sur l'engagement de l'intéressée. NdA.

Les maisons de vent

3

« ... EN *VÉRITÉ j'étais un vagabond. Je comprends parfaitement les hommes qui partent sur les routes, à pied et sans rien dans les poches...* » Moi aussi. À condition que ce départ, cet *aller-vers*, ne soit lié ni à l'injustice sociale, ni à la guerre, ni ne sais quel fléau ordonnant l'errance. Mais, que Guilloux ait écrit cette phrase me réjouit. Le qualificatif de vagabond lui va à merveille, et de plus c'est lui qui le dit. Pas moi, qui le pense désormais si fort.

Nouveau voyage à Saint-Brieuc. Six mois se sont écoulés depuis ma dernière visite. C'est l'hiver, comme ce mois de février d'une année que je ne situe plus très bien, où, pour la première fois... Six mois de lectures, d'échanges de correspondances, de rencontres avec certains de ceux qui ont connu, approché cet homme, qui ont correspondu avec lui, dont il m'arrive à présent de rêver la nuit, quand je ne lui parle pas le jour. Cela s'appelle de l'intoxication à haute dose. Par la fenêtre du train, la campagne vallonne doucement. Arbres mouillés, ciel en lambeaux, les quelques maisons entrevues font le gros dos sous la pluie.

« Je suis rentré dans mon pays barbare et pluvieux. J'y suis bien et mal » Comment un jeune auteur – Guilloux avait alors une trentaine d'années – salué par la critique et ses pairs comme l'un des espoirs de la littérature française a-t-il pu s'établir dans cette province ? Et, qui plus est, à une demi-journée de train de Paris. Comment ? Pourquoi ? Sinon pour en repartir, quitter, rompre les amarres, s'enfuir répondre, inconsciemment peut-être, au vieil atavisme qui du côté maternel pousse les hommes vers la mer ? Ses océans à lui seront terriens. Cela ne veut pas dire qu'ils réduiront pour autant, loin s'en faut, l'écartèlement chronique dont il souffre entre le besoin de côtoyer un monde d'idées et de mouvement, peut-être un peu factice mais dont il n'est pas dupe, et la solitude, le calme que lui offre son « pays » de Bretagne. Complexité des êtres ; j'avoue qu'il m'est difficile, sinon impossible, de concevoir Louis Guilloux ailleurs qu'à Saint-Brieuc !

Distraction ? Étourderie ? Là où je m'attendais trouver le boulevard Clemenceau qui, par la place Du Guesclin et les Promenades, m'aurait conduit à la rue Lavoisier, me voici dans les rues Saint-Gilles, de la Grille, aux Toiles, et Saint-Jacques toutes évocatrices de leurs siècles ; ceux qui virent naître la cité. Je suis dans le quartier des « *trois petites mansardes* » pas très loin de la rue du Chapitre, à deux pas de la Maison du peuple ; devant la cathédrale.

Mon erreur n'en est pas une, et le hasard n'existe pas. Je le sais ! « *Quel nom donnerait-on au hasard après le hasard* » s'interrogeait déjà un personnage du *Sang noir.* Il pleut toujours, une pluie fine et serrée comme il les aima sans doute en bon Breton qu'il était. Pavés luisants, parapluies, belles maisons restaurées à pans de bois, un homme à cheveux blancs entre dans la cathédrale, je le suis. Un très court instant j'ai pensé qu'il s'agissait de l'homme dont je quête un signe depuis si longtemps.

Lui, qui aima tant cette cathédrale et la Fontaine Saint-Brieuc, à ses yeux témoins capitaux de l'histoire de la ville, deux hauts-lieux dont il ne cessa de rappeler l'importance à ceux qui l'accompagnaient au long des rues anciennes, là où s'étaient inscrits les premiers pas de la légende. « *Combien de fois n'ai-je pas revu en esprit l'arrivée de la barque des moines à travers la baie, qui depuis a porté le nom de Brieuc, son entrée dans l'estuaire de notre rivière du Gouët à travers une sombre forêt, et le débarquement des moines, près d'une fontaine où Brieuc décida d'édifier son premier oratoire...* » *(Bretagne)*. Cette cathédrale il y viendra souvent, très souvent même, seul ou accompagné. Il aime y déambuler, s'y reposer aussi, méditer surtout. Besoin de spiritualité plus que de religiosité ? Sans aucun doute. Guilloux est un homme foncièrement pessimiste, je l'ai déjà dit, mais pas désespéré. Convaincu de la présence du mal chez l'être humain, et de la responsabilité de celui-ci dans ses actes, il contrebalance ses craintes par un très vif besoin de spiritualité. Il semblerait que l'amitié de Max Jacob ait développé cet aspect de sa personnalité. Peut-être, mais ne peut-on penser également au sang breton qui coule dans ses veines, dont l'une des caractéristiques principales concerne, justement, la religiosité et le besoin de sacralisation des actes de la vie ? « *N'est-ce pas ici que tout a commencé, ici que tout aboutit. Entre les fonts baptismaux devant lesquels je passais, et le catafalque que j'apercevais devant le chœur, ne tenais-je pas les deux termes de la question ?* » *(Le Jeu de patience)*. Un moment j'ai pensé que la cathédrale de Saint-Brieuc, par tout ce qu'elle offre de protection, de vie, d'exaltation et de partage communautaire, pouvait être l'une des maisons, sinon LA maison que je cherchais si vainement. Maison symbolique, bien entendu, mais néanmoins demeure. Dans tous les sens du terme. L'hypothèse était tentante, et, pourquoi pas, plausible. Aujourd'hui, tout bien pesé, malgré son omniprésence dans l'œuvre, et l'affection que l'auteur lui portait, je ne le crois pas. Il me faut chercher ailleurs. Dans ce quartier par exemple où l'écriture s'enracina. Quête aussi vaine que celle de la cathédrale. Pourtant, sur le nombre de domiciles que connut la famille – cinq en dix ans – il doit bien en rester quelques-uns debout, tout de même ! Non ! Des photographies ? Trois ou quatre, dont celle de la boutique déjà citée, et celle de l'échoppe du père Guilloux, place du Théâtre (actuelle Place de Gaulle). Ce n'est pas – ou plus tout à fait – une maison au sens où on l'entend couramment, mais elle est intéressante cette cabane, par ce qu'elle nous fait découvrir. Un vieil homme à moustaches, dont on ne voit que la tête et le haut du tablier. Assis probablement, donc réduit ; le père de l'écrivain. Près de lui, dans la rue, une main dans une poche, un paquet dans l'autre, un homme, casquette, manteau et guêtres, parle au premier. Compagnon ou camarade ? Les deux sans doute, la complicité des regards le prouve. Et, collées sur les murs de l'échoppe des affiches annonçant, l'une un meeting au profit des « Victimes des décrets-lois » l'autre une conférence d'André Gide à Saint-Brieuc, une troisième l'exécution prochaine de la « Grande Pastorale de Noël ». Cela s'appelle la vie, une vie que j'aimerais bien trouver ailleurs que sur une photographie, dans une maison, avec – mais peut-on croire aux miracles – des témoins, anciens voisins, à l'appui.

Des maisons, ce n'est pas ce qui manque d'ordinaire dans les villes. Mais une maison, habitée par Louis Guilloux et toujours frémissante, vivante de son souvenir ; difficile à trouver à part celle, peu loquace, de la rue Lavoisier. Et puis, pour cette époque, ce serait plutôt du côté de Paris qu'il faudrait regarder. Paris où il se rend de plus en plus souvent, de plus en plus longtemps, où il vit à l'hôtel, à moins d'être hébergé chez des amis. « *Voilà, aujourd'hui 3 mars, un peu plus de deux mois que je suis à Paris dans cette mansarde au 17 rue de l'Université, chez Claude Gallimard... Comme j'ai aimé Paris, que je l'aime encore ! Dans ma jeunesse, je ne rêvais que de Paris et depuis, j'ai souvent pensé que je ne pourrais, voudrais jamais vivre ailleurs* » (1). Cette chambre mansardée – réminiscence de celles de l'enfance ? – qui devient pour ses proches une *chambre de bon*, est-elle étroite et incommode ? Qu'importe puisqu'elle se trouve là où il faut, à Paris ! « *...Je commence à m'habituer à ma chambre. Le plus difficile est de me mettre à écrire assis. J'écrivais debout, le plus souvent, ici c'est impossible. Il n'est pas non plus question de marcher en travaillant... Hier soir,* *comme je m'apprêtais à sortir, Camus est arrivé dans ma mansarde – chambre de bon –. Nous sommes allés ensemble aux Magots...* »

Albert Camus, l'ami fidèle, celui dont il attend les visites à Saint-Brieuc, qu'il voit si souvent à Paris. L'un des seuls – avec Jean Grenier – dans la compagnie duquel il se sente vraiment à l'aise, ce qui ne sera jamais tout à fait le cas pour Malraux, Chamson, et Guéhenno. Camus avec qui il partage les mêmes origines, et auquel il a fait découvrir la tombe de Lucien Camus, le père, mortellement blessé à la bataille de la Marne en octobre 1914, et enterré à Saint-Brieuc (2).

Et puis, à part les hôtels et hébergements amicaux, il y a les chambres de bonnes, ces fameuses *chambres de bons* qui traversent la vie de l'écrivain, trop nombreuses pour qu'il soit possible de les recenser. Si nombreuses que Guilloux lui-même entreprend d'en raconter la longue histoire dans une correspondance avec sa fille Yvonne.

Février 1952. ... *Me voici donc depuis quelques jours installé dans ma nouvelle chambre... c'est une toute petite chambre de bonne, très bien chauffée, très confortable, mais si exiguë que j'ai à peine la place pour faire trois pas quand je me lève de ma chaise, et qu'il me faut écrire assis, chose que j'avais complètement désapprise. À Saint-Brieuc j'écrivais debout. Je ne sais qui dit que les meilleures pensées viennent quand on marche, ou quand on est debout, rarement quand on est assis... Étant revenu à Paris, et occupant une petite chambre, j'ai eu envie de parler de toutes les chambres que j'ai habitées dans cette ville des villes depuis que j'y suis venu pour la première fois, en octobre 1918, il y a bien longtemps, et je m'en souviens encore.*

En ce temps-là, on mettait bien douze heures pour aller de Saint-Brieuc à Paris... arrivé le matin chez madame Serget, concierge, rue Falguière, au numéro 39 je crois. Là j'ai occupé pendant quelques jours une chambre meublée. La chambre était sombre, poussiéreuse, les meubles ennuyeux... Il me fallut chercher un gîte ailleurs, que je trouvai rue du Bac, au 121, je crois ; c'était aussi une chambre meublée, bien sûr, mais sous les toits, pas une chambre : une soupente, installée dans une sorte de grenier, guère plus grande que celle que j'occupe pour le moment. C'était un lieu fort sale et délabré ; le parquet était en briques, la plupart descellées. Il y avait une cheminée dans laquelle je pouvais faire du feu. Je me souviens que dans cette soupente je me faisais moi-même mon café. La fenêtre ouvrait sur une cour sinistre. En bas il y avait un atelier de menuiserie et toute la journée la raboteuse ronflait... Ici il n'y a guère que le bruit des voitures qui entrent et qui sortent, des bruits de voix, de temps en temps des bruits de travail, quand un ouvrier répare quelque chose, et comme fond sonore, la rumeur de Paris, toujours joyeuse pour moi du moins.

J'ai sous les yeux un très bel arbre dont j'ignore le nom. Dans l'ensemble l'endroit est très silencieux. Je n'ai pas encore appris à y rester autant qu'il le faudrait pour le travail, mais je l'apprendrai. Il faut vouloir... Nous voilà bien loin de la chambre de la rue du Bac. Il n'y a plus grand chose à en dire d'ailleurs, sinon que c'est un souvenir de solitude et de pauvreté, mais de jeunesse et d'espoir inconditionné. Ça m'était bien égal d'être pauvre. J'avais emporté quelques livres avec moi, dont ceux de mon vieux Palante, vieux compagnon. Je les lisais d'un cœur très chaud... C'était l'hiver. Il y avait beaucoup de neige. Cette année-là je n'ai pas aimé la neige. Paris a eu raison de moi cette année-là, et après trois mois de lutte — c'est bien peu ! — je suis revenu à Saint-Brieuc, assez penaud.

Là, j'ai de nouveau habité une chambre au second étage, dans la maison de la place du Théâtre, ma chambre de jeune homme, la vraie... J'y transcrivais sur le plâtre des murs les poèmes qui m'avaient plu. Et j'y écrivais Dieu sait quel roman, à la lueur d'une petite lampe à pétrole. Ça aussi c'est très romantique, c'est d'un autre âge, le mien après tout. Il ne m'est rien resté de mes écrits de cette époque, grâce à Dieu, mais je regrette pourtant d'avoir perdu certains carnets.

... Nous sommes aujourd'hui au vendredi 26 avril, je crois... Je suis à une heure et demie de Rome, sur la route de Naples, dans un endroit appelé Daganella di Ninifa, chez la princesse Castani di Bassiano. Je ne sais pas grand chose de la princesse sinon que c'est une vieille dame d'une extrême gentillesse, et qu'elle me veut le plus grand bien, me tenant pour le plus grand romancier français d'aujourd'hui... J'ai été invité à dîner chez la

princesse à la fin de mon séjour à Rome ; elle m'a invité ici ; j'ai trouvé la chose très simple et très agréable... Pour le moment j'habite une demeure somptueuse, c'est bien le moins qu'on puisse dire puisque c'est une demeure princière, et que j'habite la chambre du prince resté à Rome...

Voici bien le nomade tel qu'en lui-même, allant et venant d'un campement l'autre, d'une vie à l'autre, d'une ville à l'autre. Il n'est pas le seul dans ce cas. Camus aussi bouge beaucoup, et entretient avec Paris, ou plus exactement la vie parisienne, les mêmes relations ambiguës. Pourtant, parle-t-il de partir, que l'auteur du *Sang noir* devient conseiller « *Le bon sens ne serait-il pas de vivre dans la proximité de Paris ?... La réclusion dans les départements, la Sibérie dans les préfectures peut aussi être mortelle...* » (3).

La réclusion dans les départements... Guilloux parlerait-il en connaissance de cause ? Certainement de ce qu'il éprouve tout au moins, et ceci explique les coups de griffes pour Saint-Brieuc et la Bretagne, dont les *Carnets* abondent. *Je suis rentré dans mon pays barbare et pluvieux, venteux ; j'y suis bien et mal, je voudrais y rester et partir. Je ne sais pas : tout est difficile et à mesure qu'on vit, plus difficile* »... 10 mars 1950. ... *Je suis rentré hier de mon voyage à Copenhague... Je ne me plais plus ici, à Saint-Brieuc, et, désormais, je crois bien que je quitterais Saint-Brieuc sans regrets, et sans retour, avec la dernière facilité...* » 28 mars Louxor ... *Je ne puis plus supporter même l'idée de retourner en Bretagne...* 8 mai Saint-Brieuc – *Je ne sais ce qui se passe. Ce pays dont j'ai si longtemps cru que je ne pourrais vivre sans lui, je ne peux plus le supporter, je vais le quitter de nouveau. Peut-être même est-ce que je souhaite dans le fond de mon cœur de n'y point revenir. Il ne me parle plus...* 3 juillet Saint-Brieuc – *Je suis ici depuis avant-hier avec Claude Gallimard et sa famille ; je repartirai demain avec un immense soulagement. Je ne puis plus rien supporter de cette ville, ni de ce pays. Je ne m'y trouve d'ailleurs pas tellement bien et je crois que je n'y pourrai plus travailler...* »

Diable ! Que s'est-il donc passé entre Guilloux et sa ville, qui puisse justifier une telle acrimonie ? Difficile à dire, mais manifestement l'incompréhension entre les parties s'accroît. Ceci n'a rien de surprenant, je le répète, et se traduit davantage par une indifférence réciproque que par de l'agressivité. Qu'on le veuille ou non un écrivain de cette stature n'est pas sans poser de problèmes à ses concitoyens. Homme « différent » exerçant une profession « différente » dont « on parle » il y a là déjà de quoi s'interroger sur ce personnage dont on a connu les parents, et lui-même, il n'y a pas si longtemps, « ce pauvre Guilloux » qui ne put succéder au père, dans l'échoppe de la place du Théâtre. Cela se dit et se murmure, lui passe, « hautain... fier... distant... il ne nous voyait pas, perdu dans ses pensées... » En voilà bien des rancœurs, entretenues à l'égard de quelqu'un pour lequel on affiche par ailleurs de l'indifférence. Je sais que de son côté ce ne fut pas tout rose, qu'il ne fit pas toujours ce qu'il fallait pour arrondir les angles. Sa personnalité profonde s'y opposait. Pourtant, dans le proche avant-guerre, du temps du Secours Rouge, on le vit s'engager, militer, payer de sa personne. Aimé ou haï, il était connu, et sans doute respecté pour le courage avec lequel il vivait ses opinions. La fracture n'est apparue que dans les années cinquante. Années où, justement, Guilloux est devenu l'auteur d'une œuvre importante. Je ne pense pas qu'il ait eu alors besoin d'une reconnaissance des siens, de sa ville, sans être certain que cela ne lui manqua pas. Trêve de suppositions ; des faits. Force est de constater que Saint-Brieuc le méconnut, et la Bretagne l'ignora. Dans un premier temps du moins. Par la suite les choses s'arrangèrent, mais il faudra du temps. Beaucoup de temps, et la consécration des milieux intellectuels parisiens. Mais il n'est, ni ne sera, le seul dans cette situation, Giono, avec lequel il partage plus d'un trait, connut les mêmes problèmes. Nul n'est prophète en son pays, et dès que l'on utilise celui-ci comme matériau de l'œuvre, il ne faut pas s'attendre à la mansuétude de ses habitants. Faut-il croire pour autant comme certains l'affirment « qu'il détestait sa ville » quand il ne la tenait pas en « sainte horreur » ? Une fois encore, je ne le pense pas. Bien entendu les mouvements d'humeur existent, mais en l'occurrence l'absence de preuves formelles conduit à réclamer un non-lieu pour les faits incriminés.

Quoi qu'il en soit, l'après-guerre est ombrageux entre Guilloux et Saint-Brieuc. D'autant plus que sa notoriété nationale et internationale s'accroît. Le fait qu'il soit considéré par beaucoup comme l'un des écrivains français les plus représentatifs de ce demi-siècle n'a rien de surprenant. L'œuvre suffit à témoigner, mais il y a aussi l'homme, l'intellectuel qui ne s'est fourvoyé dans aucune des impasses dont l'époque fut si riche. Paradoxe, à mesure que la Bretagne l'oublie, le reste du monde l'honore. L'embellie est réelle et totale, son œuvre est traduite, on l'invite à présider des congrès, des rassemblements, à témoigner. On l'invite, mais de nouveau, méfiant et libre – et libre parce que méfiant – il se défile, refuse, s'excuse. Sauf, lorsqu'il s'agit de se ranger une fois encore au côté de ces nouveaux laissés pour compte, les victimes de guerre, ces oubliées de la paix, populations que l'on dit pudiquement « déplacées ». Nommé rapporteur d'enquête par le Haut-Commissariat aux Réfugiés, il part, quitte Saint-Brieuc, Paris et la France, pour visiter les camps, renouant avec son action commencée en 1933 ! « *J'ai fait un périple assez long depuis Hambourg jusqu'à Salonique et Athènes en passant par Munich, Salzbourg, Vienne, puis Trieste, Rome, Capoue, Naples. Je faisais ça pour le*

RAPACE

Haut-Commissariat aux Réfugiés, m'arrêtant partout où il y avait des camps de personnes qui avaient été déplacées par l'événement de la guerre et qui n'avaient pas été envoyées encore dans des pays d'accueil » (4). Quelle vie, et quelle constance dans ses engagements !

Paris de nouveau, et de nouveau les chambres, dont celle de la rue du Bac, occupe longtemps les *Carnets*. Juin 1960... « *Tout semble se passer comme si je ne devais plus jamais quitter Paris...* » 27 juin. « ... *Reste à prendre la résolution de s'installer pour de bon à Paris. C'est un problème que je n'ai pas encore résolu...* » Et qu'il n'a peut-être pas envie de résoudre. Saint-Brieuc. 30 juillet. « ... *Me voilà loin de Paris. Et toujours bien proche. De quoi sommes-nous les victimes ?* »

Question une fois encore sans réponse. Laissée vacante, ouverte à tous les possibles. Quels possibles ? L'installation définitive à Paris où Yvonne, mariée et mère de famille, demeure ? Allons donc ! Quoi qu'il dise, Guilloux a besoin de Saint-Brieuc même si, comme les faits le prouvent, il y passe peu de temps. C'est vrai que l'on peut s'interroger sur le sens profond de ces allers-retours préjudiciables à l'écriture. Mais écrit-il encore ? Oui, dans un certain désordre d'idées, sur ce qui deviendra *La Confrontation* et *Salido*. Il travaille aussi à des adaptations télévisuelles et radiophoniques d'œuvres littéraires. Il voyage, et pense à écrire ses Mémoires. 6 octobre 1968. « *Me voici revenu à mes papiers, me demandant combien de temps il y a que j'ai commencé à songer à ces Mémoires que je n'écris pas... Dans les premiers temps où je songeais à cet écrit, je me croyais « fixé » à Saint-Brieuc pour le restant de mes jours. La pensée de revenir à Paris pour y vivre ne m'effleurait même pas... Je m'étais mis dans la situation même de celui qui n'a plus rien d'autre à faire qu'à écrire ses Mémoires, vivant et vieillissant dans sa propre maison, passant la plus grande partie de son temps dans son « cabinet » de travail entouré de ses livres et de tous ses papiers... » (Carnets) « vivant et vieillissant dans sa propre maison... entouré de ses livres et de tous ses papiers »* Que nous sommes éloignés, dans ce tableau idyllique d'une situation propice à la poursuite de l'œuvre, du vagabond revendiqué par ailleurs ! Et je m'en réjouirais si cela éclaircissait tant soit peu mon enquête. Hélas ! ce ne sont là que des mots d'écrivain, et l'heure de la retraite provinciale n'ayant pas sonné pour Guilloux, celui-ci repart, préférant au confort de sa maison briochine l'exiguïté des chambres de bonnes. Le temps de celles-ci sera d'ailleurs bientôt révolu, avec les appartements du boulevard Blanqui, et de la rue de Lille, en attendant celui de la rue du Dragon « *dont je vais devoir déménager bientôt... Tout cela pour dire que je ne sais pas le moins du monde où j'irai me poser dans quelques jours... Voilà bien des allées et venues et des déménagements qui ne rendent pas les choses bien commodes surtout si l'on prétend écrire ce qu'on pourrait appeler des Mémoires.* » Écrire, oui, mais où ? À Paris ? Ce serait effectivement le rêve. Mais la ville est un piège, il le sait, lui qui résiste si peu aux tentations, lui qui ne sait refuser quoi que ce soit à quiconque. Et puis, quel plaisir aussi que de retrouver José Cabanis, au Flore, ou Pierre Moinot (5) à la terrasse du Dôme. Et ces soirées que l'on finit en bande à l'Escurial, la Chaumière ou aux Magots ! Pour ne rien dire des irremplaçables déjeuners avec Malraux (6), chez Lasserre. Inutile d'insister sur ce point, Guilloux a besoin de ce monde, de cette vie, de ces rencontres, qu'il consigne le soir venu, dans les *Carnets* où parfois la Bretagne surgit, comme un rappel... « *Au mois de juin prochain il y aura trois ans que je serai revenu à Paris. Aussi souvent que je le puis je retourne à Saint-Brieuc pour ce qu'on appelle le week-end. Cela me permet de passer quelques heures dans cette grande pièce d'en haut où j'ai passé tant d'années à travailler, où j'ai écrit la plupart de mes livres et pour commencer* Le Sang noir. »

Dans cette pièce où, selon ses dires, il se contente à présent de « paperasser ». Pourtant... Pourtant, le retour, une fois de plus se dessine... « *J'ai grande envie, grand besoin de retourner à Saint-Brieuc pour mieux travailler, et mieux m'y reposer* » Ces lignes sont écrites le 23 octobre 1971. Trois semaines plus tard il ajoute. « *Je suis dégoûté des bistrots, du bruit, de la cohue, du temps perdu, de l'argent qu'on nous vole, du restaurant gargote, et j'ai toujours grande envie de retourner à Saint-Brieuc pour me remettre sérieusement au travail... Je n'ai pas touché à* l'Herbe d'oubli *depuis plus de deux mois. J'ai à peine regardé mes* Carnets. *Comment vivre dans cette contemplation du néant ?* » Voilà qui en dit long sur l'état d'esprit de cet homme, qui se connaît assez pour avoir écrit de lui même « *Oui, je suis à humeurs, j'ai l'esprit léger, facilement distrait, des désirs violents, le cœur hélas bien vulnérable.* »

Malgré son besoin déclaré de ressourcement il continue de demeurer à Paris, voyage, milite – à la demande de Malraux – pour la création des Maisons de la Culture, reçoit le Grand Prix National des Lettres, suivi du Grand Prix de Littérature de l'Académie française, publie des articles.

Supposée – par les *Carnets* – comme l'année d'un possible retour à Saint-Brieuc, 1971 fut marquée par la disparition de Jean Grenier, l'ami de toujours. « *Le 5 mars 1971 Jean est mort. Mon plus vieil ami, l'ami de toute ma vie depuis l'été 1917 où nous nous sommes rencontrés à la Bibliothèque municipale de Saint-Brieuc... Nous goûtions ensemble une paix que nous n'avions pas toujours avec grand monde. Nos pensées se complétaient, se précédaient...* »

La mort de Grenier suit de onze ans celle de Camus (7), l'autre compagnon fidèle, le confident, le complice, dont le souvenir occupe régulièrement les *Carnets* (8). Deux morts qui s'ajoutent, alourdissant le fardeau de la mémoire, où se tiennent celle de Palante, professeur de philosophie, dont Guilloux fut élève et ami, suicidé en 1925 (9), celles des père et mère, du pasteur Crespin, de l'abbé Vallée, de « Pablo », de Max Jacob, et de tant d'autres. Nous savons bien que l'âge octroie un domaine sans cesse croissant aux souvenirs, et que la mort occupe une place démesurée de ceux-ci. C'est une règle commune, admise et connue de tous, à plus forte raison chez un écrivain qui par nature régente l'existence de personnages qui nous ressemblent. Où commence la réalité et s'arrête la fiction ? Pour Guilloux qui n'a pas oublié la querelle Mauriac-Sartre sur le rôle et la responsabilité du romancier face à ses personnages, l'écrivain n'est pas Dieu, et la mort ne se combat vraiment que par la fuite. Il voyage donc.

C'est sa façon à lui de déjouer les pièges, les embuscades de la mémoire. Bouger. Aller et venir. Bousculer et nier l'immobilité. Inutile de prolonger la litanie des allées et venues entre villes, chambres et domiciles, de me confondre entre les séjours et la halte. Je préfère conclure mon enquête à l'instant où, une fois de plus, je reviens de Saint-Brieuc aussi dépourvu de réponse que je l'étais à mon premier voyage. Aussi dépourvu ? Sinon davantage. Me voici, devant ces pages écrites comme le Favien de *La Confrontation*, faux-journaliste pris pour un faux-policier, menant une enquête sur un certain

Gérard que l'on dit disparu mais qui, peut-être, vit dans chacun des protagonistes du roman. La, ou les, maisons de Louis Guilloux ne seraient-elles pas toutes un peu Gérard ? L'hypothèse a de quoi tenter, et sans doute y succomberais-je si je ne découvrais ces lignes dans *Ma Bretagne...* (10). « *Comme tous les Bretons, j'ai souvent quitté mon pays mais j'y suis toujours revenu. Je crois le bien connaître, l'ayant parcouru dans tous les sens bien des fois et m'y étant trouvé bien partout. Mais c'est à Saint-Brieuc que je me suis toujours le mieux reconnu...* » Ainsi cet homme que l'on disait parisien à Saint-Brieuc, et breton à Paris, et dont Roger Grenier dit un jour que « *son idéal aurait été de vivre à l'hôtel* » chez qui l'instabilité semble être l'un des traits dominants, fut peut-être plus que tout autre fasciné par l'immobilité.

Aujourd'hui, il vente sur la Bretagne. La mer est comme il dut l'aimer, rageuse et belle. Sur les plages, les vacanciers jouent au ballon en criant un peu plus fort que d'habitude. À cause du vent, bien sûr. Ce matin, le cerisier du jardin semait ses fleurs sur les toits de la rue Lavoisier. À cause du vent, toujours. C'est peut-être pourquoi, tandis que je quitte Saint-Brieuc, cette maison, hier d'encre et de pierres, se confond à la tempête qui secoue la Bretagne. Quel meilleur symbole que ce vent, libre par nature, fidèle et néanmoins changeant, jamais en paix, toujours nomade, pour dresser un portrait de

Louis Guilloux ? À l'homme de tourmente correspond la maison du vent, régissant comme un phare dressé de façon hautaine le chahut désordonné des nuées dispersées ; comme ces pétales de cerisier ce matin. Et comme les fureurs de ce siècle, contemplées du haut de fenêtres désormais orphelines de toutes ombres ou silhouette. Où êtes-vous, Guilloux, ailleurs qu'en déshérence ? Aujourd'hui où nous aurions tant besoin de vous.

Jamais je ne trouverai ce lieu que l'on dit magique : votre maison d'écrivain. Un instant j'ai pensé me rendre rue du Dragon, à Paris, dans cet appartement dont vous parlez dans *L'Herbe d'oubli.* Pour trouver quoi ? Le souvenir d'un vieil homme physiquement diminué ? Certainement pas ! Je renonce donc à vous trouver, et vous vous en moquez bien. Tous comptes faits, moi aussi. Votre œuvre me suffit, votre voix m'accompagne... *Les hommes ne vivent pas que de pain, mais ils ne sont pas faits non plus pour habiter des maisons de fer et de ciment, matériaux préférés des prisons. Il faut que leurs maisons puissent leur « aller » comme leur va l'habit qu'ils portent, qu'elles soient faites à leur mesure...*

La vôtre fut-elle à votre mesure ? Ou se révélat-elle à l'usage si étriquée qu'il vous fallut aller voir si souvent ailleurs si « l'habit » proposé vous était plus conforme ? Vous qui un jour, avez déclaré à Jean Daniel que votre « *vraie maison était dans le train qui vous conduisait à Paris...* » Où se trouve ce

domicile qui, un jour ou l'autre, prendra naturellement place dans mon *Guide des maisons d'hommes célèbres* ? Dans le train que j'attends ? Allons donc ! Ailleurs ? Ne dites rien, je crois connaître la réponse, à peine dissimulée dans *La Confrontation*, roman complexe qui vous ressemble si bien, labyrinthe de tous les possibles, au bout duquel votre voix m'attendait. « *Tu vois qu'il reste encore bien des questions* » J'ai retenu. Mais la vérité m'oblige à vous dire que je ne suis pas dupe. Ma réponse je l'ai, la possède, et depuis la première seconde de cette enquête : vous étiez trop grand pour tenir en un seul lieu, votre demeure fut donc « de par le monde » comme disaient, au Moyen-Âge, les hommes de votre race. De par le monde, aux quatre vents d'espoir et de fraternité, d'amour et d'amitié. Quant à votre maison, où voulez-vous qu'elle soit, ailleurs que dans vos livres ? Dans tous vos livres, bien sûr, mais surtout dans le premier. Dans les premiers mots du premier chapitre, sinon le titre lui-même ; cette *Maison du peuple*, la seule qui vous importât vraiment, et que je relis, une fois de plus, dans le train qui m'emmène.

(1) Ce qui ne l'empêcha pas d'écrire quelques mois plus tard dans ses Carnets : « À présent au moins, je suis presque sûr de savoir que je dois vivre seul, enfermé dans mon travail. Mon dernier voyage à Paris m'a instruit. Je voudrais n'y remettre les pieds de ma vie ».
(2) Épisode que Camus reprendra dans *Le premier homme*, Gallimard, 1994.
(3) Cité par Olivier Todd dans *Albert Camus, une vie*, Gallimard, 1996.
(4) Entretien avec Yannick Pelletier.
(5) Pierre Moinot qui, dans son livre de souvenirs *Tous comptes faits*, le décrit ainsi « les grands cheveux, le profil sculpté, la pipe de merisier qui rendait sa lèvre encore plus ironique, la main maigre qui la tenait et l'œil surtout, à la paupière tombante et qui pouvait paraître atone pour devenir d'un seul coup rieur, impitoyable, fulgurant. Louis était l'homme de la liberté, une incroyable liberté d'esprit et d'attitude. Il refusait de serrer la main de ceux qu'il n'estimait pas, mais il ouvrait son cœur à ceux qu'il aimait. Quand on a un caractère comme celui-là, on n'a pas une vie facile et la sienne ne l'a pas été. Il a vécu seul, assez loin de sa femme, de sa fille et de ses deux petites-filles qu'il aimait pourtant beaucoup... », Éditions Quai Voltaire, 1993.
(6) Malraux qui, selon Guilloux lui-même, revint quelquefois à Saint-Brieuc, du temps où il était Ministre de la Culture. La nuit le plus souvent. Entretien avec Yves Prié.
(7) Sans oublier celle d'André Malraux, survenue en 1976. NdA.
(8) Et dont, jusqu'à ses derniers jours, il ne pourra parler sans marquer une profonde émotion. Entretien avec Yves Prié. NdA.
(9) Qui servit de modèle au personnage de Cripure, dans *Le Sang noir*. NdA.
(10) Éditions Folle Avoine, 1993.

Remerciements

QUE SOIENT ici remerciés : Madame Yvonne Guilloux, dont les souvenirs et conseils m'ont été si précieux. Madame Hélène Le Chevalier, Monsieur le Sénateur-Maire de Saint-Brieuc, et le personnel des services municipaux si souvent sollicités. Avec une gratitude particulière pour Monsieur Didier Le Buhan, maire-adjoint, délégué à la Culture, et ses collaborateurs dont j'ai pu mesurer l'extrême disponibilité, et les qualités d'accueil. Madame Le Bour, responsable de la bibliothèque Municipale de Saint-Brieuc. Monsieur Le Guiet, Président de la *Société des Amis de Louis Guilloux.* Ainsi que Messieurs Jean Daniel, Louis-Marie Davy, Pierre Moinot, Yannick Pelletier, Yves Prié, et tous ceux qui, au hasard de rencontres, ont ravivé le souvenir de Louis Guilloux.

Bien que non ouverte au public, la maison de Louis Guilloux – 13, rue Lavoisier à Saint-Brieuc – peut se visiter, à titre individuel ou en groupe, sur rendez-vous établi avec la Direction Culturelle de la ville (tél. : 02.96.62.55.12.) ou près de la Bibliothèque Municipale (tél : 02.96.62.55.19).

Pour tous renseignements sur la très active *Société des Amis de Louis Guilloux,* contacter la Bibliothèque Municipale, 44 rue du 71e R.I. 22000 - Saint-Brieuc.

TABLE DES MATIÈRES

CHRISTIAN PIROT

13, RUE MAURICE-ADRIEN
37540 SAINT-CYR-SUR-LOIRE
FRANCE

EXTRAIT
DU
CATALOGUE

Jacques Lacarrière ALAIN-FOURNIER

Alain-Fournier eut trois demeures, deux en Sologne, et une dans le Berry à Épineuil-le-Fleuriel où il passa son enfance. Celle-là fut la plus essentielle car en elle prirent naissance les souvenirs et les premières images de ce qui sera un jour Le Grand Meaulnes, *ce roman d'une adolescence berrichonne aux senteurs de Sologne. Photos de Pierre Schwartz et François Lagarde. Aquarelles de Line Sionneau.*
96 pages. 2e édition. ISBN : 2-86808-051-9. 85 FF

Marie-Thérèse Humbert SACHÉ OU LE NID DE COUCOU

Une bonne douzaine de séjours de Balzac à Saché — où il avait même sa chambre — ponctuent une existence de nomade. N'était-ce vraiment que pour la commodité d'être reçu et de pouvoir travailler en paix dans sa Touraine natale ? Quel charme occulte le ramenait donc à Saché ? Photos de Pierre Schwartz et François Lagarde. Aquarelles de Line Sionneau.
144 pages. ISBN : 2-86808-052-7. 89 FF

Jean Joubert RONSARD

La Possonnière, Saint-Cosme. Ronsard, prince des poètes, naquit en Vendômois et mourut en Touraine. Les maisons qu'il habita conservent l'empreinte de ce que furent sa vie et sa poésie : la Possonnière à Couture, le prieuré de Saint-Cosme près de Tours, ainsi que les prieurés de Croiseval et de Saint-Gilles, autant de lieux de paix et de tranquillité où son désir de créer trouva liberté et audace pour cultiver l'amour de la beauté et partager les mots du bonheur. Photos de Pierre Schwartz et François Lagarde. Aquarelles de Line Sionneau.
120 pages. ISBN : 2-86808-038-3. 89 FF

Diane de Margerie MARCEL PROUST

Marcel et Léonie. Le couple dont je parle ici allie l'auteur (Marcel Proust) à son personnage (« Tante Léonie ») dans l'emmêlement de la réalité et de la fiction. Mais quelle alliance plus forte que celle de Michelet avec la Sorcière, de Gustave Flaubert avec Emma, d'Émily Brontë avec Heathcliff ou de Pierre Jean Jouve avec Paulina ? Quelles maisons, quels lieux plus empreints de vérité que ceux où se vivent leurs liens ? Photos de Pierre Schwartz et François Lagarde. Aquarelles de Line Sionneau.

128 pages. ISBN : 2-86808-060-2. 89 FF

Jean-Marie Laclavetine RABELAIS

La Devinière ou le havre perdu. Rabelais n'a séjourné à la Devinière que le temps d'en concevoir une nostalgie violente, définitive. La douleur de l'arrachement à ce petit coin de terre utopique donne à l'œuvre son parfum, son alcool. La maisonnette, avec ses trois rangs de vigne, est devenue par la grâce de l'écriture et de la mémoire le centre du cosmos pantagruélien, la Mecque des buveurs illustres et des vérolés très précieux. Photos de Pierre Schwartz et François Lagarde. Aquarelles de Line Sionneau.

128 pages. ISBN : 2-86808-065-0. 89 FF

Allain Glykos MONTESQUIEU

Hôte fugitif de La Brède. La Brède n'était pas l'unique demeure de Montesquieu, mais c'est ici qu'il venait chercher la sérénité, le craquement des feuilles, un rayon de soleil dans un rang de vigne, l'odeur des chais, l'ombre des carpes autour de son île. Tout cela aurait-il eu autant de charme sans Denise, sa fille ? Elle était son portrait, avec « la grâce en plus et l'âge en moins ». Une jeune fille discrète qui fut peut-être la seule à comprendre Montesquieu. Photos de Jean-Luc Chapin. Postface de Louis Desgraves.

152 pages. ISBN : 2-86808-082-0. 95 FF

Pierre de Boisdeffre PIERRE LOTI

Pierre Loti n'a pas été seulement un romancier fabuleux, lu dans le monde entier et un grand voyageur, qui a fait plusieurs fois le tour du monde, il a transformé sa maison de Rochefort en musée de l'exotisme et du Temps perdu, éternisé les vieilles maisons de bois d'Istanbul, le Pays basque et l'Île d'Oléron. Ces demeures – et aussi sa vie d'aventurier – revivent dans cet ouvrage substantiel que Pierre de Boisdeffre consacre à Pierre Loti. Photos de Michel Maumon et de la collection A. Sforza.

198 pages. ISBN : 2-86808-099-5. 110 FF

Jean-Claude Bourlès LOUIS GUILLOUX

Les maisons d'encre. *Plus le temps passe, plus je le visite, et plus je pense que ce pavillon de la rue Lavoisier, à Saint-Brieuc, n'est pas la vraie maison de Louis Guilloux. Le fait d'y avoir vécu plus de cinquante ans et écrit le plus important de son œuvre ne me satisfait pas. Sa maison est ailleurs. Dans la vie quotidienne, dans les rues de Saint-Brieuc. Dans les trains qui l'emmenèrent si souvent à Paris. À moins qu'elle ne soit, de façon définitive dans cette Maison du peuple qui, à vingt-huit ans, le révéla comme l'un des plus grands écrivains de ce siècle... Photos de Jean Hervoche.*

144 pages. ISBN : 2-86808-110-X. 110 FF

Philippe Le Guillou CHATEAUBRIAND

À Combourg. *Dans la légende de Chateaubriand, Combourg occupe une place déterminante. Ce n'est pourtant ni le lieu de naissance, ni un lieu d'écriture – à la différence de Saint-Malo ou de la Vallée aux Loups. Ce fut, biographiquement, le théâtre de quelques mois d'isolement sous la domination de M. de Chateaubriand père, et plus encore le bastion et le creuset d'une rêverie, d'une folie que l'on appela le romantisme. Philippe Le Guillou nous invite ici à une visite de ces lieux durs et enchantés, parmi les souvenirs et les émois de celui qui y trouva sa vocation d'écrivain, dans les pas du mystérieux revenant à la jambe de bois... Photographies de Jean Hervoche.*

152 pages. ISBN : 2-86808-111-8. 110 FF

Souvenirs de Bretagne

À P A R A Î T R E

Michel Le Bris VICTOR HUGO

Arrivé en 1855 à Guernesey, Victor Hugo ne rentra en France qu'en 1870. C'est donc ici, en exil, que fut écrit l'essentiel de son œuvre — dont cette maison, fascinante, fait partie intégrante. Éliane Barrault et Michel Le Bris ont voulu saisir ici les jeux de la lumière, dans cette masse sombre, son ascension jusqu'au dernier étage, là-même où il écrivait, face à l'océan, et face à Dieu peut-être : lieu blanc, de vitres et de céramiques, dépouillé, austère, dressé sur cet entassement de ténèbres, ce chaos de signes, face à l'immensité, au vide. Photos d'Éliane Barrault.

Sylvie Germain BOHUSLAV REYNEK

Petrkov (Moravie). Photos de Tadencsz Kluba.

CHEVÉ D'IMPRIMER
SUR LES PRESSES DES ÉDITIONS
LA SIMARRE À JOUÉ-LÈS-TOURS
LE MARDI 29 AVRIL 1997 JOUR DE LA SAINTE CATHERINE
EN CARACTÈRE PLANTIN
SUR PAPIER CENT TRENTE CINQ GRAMMES
ROYAL IMPRESSION.

MISE EN PAGE / GRAPHISME
DE JEAN-JACK MARTIN

IMAGES DE COUVERTURE D'APRÈS
LES PHOTOS DE JACQUES SASSIER ET DE JACQUES ROBERT
(COPYRIGHT ÉDITIONS GALLIMARD)
COLORIÉES PAR JEAN-JACK MARTIN